Kathrin Blum

Raunächte

KATHRIN BLUM

Raunächte

Rituale, Bräuche und Geschichten

Jan Thorbecke Verlag

VERLAGSGRUPPE PATMOS

PATMOS
ESCHBACH
GRÜNEWALD
THORBECKE
SCHWABEN
VER SACRUM

Die Verlagsgruppe
mit Sinn für das Leben

MIX
Papier aus verantwortungsvollen Quellen
FSC® C014138
FSC
www.fsc.org

Die Verlagsgruppe Patmos ist sich ihrer Verantwortung gegenüber unserer Umwelt bewusst. Wir folgen dem Prinzip der Nachhaltigkeit und streben den Einklang von wirtschaftlicher Entwicklung, sozialer Sicherheit und Erhaltung unserer natürlichen Lebensgrundlagen an. Näheres zur Nachhaltigkeitsstrategie der Verlagsgruppe Patmos auf unserer Website www.verlagsgruppe-patmos.de/nachhaltig-gut-leben

Verlagsgruppe Patmos in der Schwabenverlag AG, Ostfildern
www.thorbecke.de

Gestaltung: Finken & Bumiller, Stuttgart
Umschlagabbildung: Oleg Golovnev, shutterstock
Druck: Finidr s.r.o., Český Těšín
Hergestellt in Tschechien
ISBN 978-3-7995-2083-6

Inhalt

Die Raunachtsreise

Einleitung

Die Dämmerung stieg aus den Bäumen auf, um mich herum wurde es dunkler. Ich spürte die Feuchtigkeit in meinen Knochen, sie verstärkte die Müdigkeit, die seit der Geburt meines dritten Kindes mein ständiger Begleiter war. Vor mir lag eine Räucherschale, in ihr glomm die Kohle, Rauch stieg auf. Ich hatte alles richtig machen wollen, hatte die richtige Kohle besorgt, die Raunachtsräuchermischung, mir extra Zeit genommen, hatte meine drei kleinen Kinder meinem Mann überlassen und nun stand ich hier im Wald, und der Funke wollte einfach nicht überspringen. Die Kohle glomm zwar, sie erfüllte ihren Zweck, doch in mir wurde es einfach nicht ruhig, ich konnte mich nicht einlassen auf das Ritual. Es entstand keine innere Verbindung, ich hatte keine Vorstellung, was nun eigentlich passieren sollte, keine Bilder.
Ich wartete noch eine Weile, dann wandte ich mich enttäuscht ab und verließ das Waldstückchen wieder.
Am nächsten Tag versuchte ich es nochmal, doch es wurde nicht besser. Am darauffolgenden gab ich auf.

Das war mein erster Versuch gewesen, die Raunächte zu begehen. Das ist nun ungefähr zehn Jahre her, seitdem habe ich mich auf die Reise begeben, wie es geht, alte Bräuche wieder zu beleben, wenn man so wie ich keine ursprüngliche Anbindung an sie hat.
Denn ich bin nicht auf einem Bauernhof geboren, und auch meine Großeltern waren keine Bauern. Ich habe nicht erlebt, wie mein Großvater räuchernd durch Haus und Hof gezogen ist, ganz im Gegenteil, als Arzt war ihm Aberglaube zutiefst suspekt.
Damit bin ich heutzutage keine Ausnahme, denn den wenigsten von uns wurden diese Bräuche direkt so weitergegeben. Und dennoch schreibe ich ein Buch über die Raunächte. Warum?

Seit dem verlorenen Abend im Wald ist viel passiert. Ich habe eine Ausbildung als Wildnispädagogin gemacht und seitdem immer wieder tiefe Naturverbundenheit erleben dürfen, die mich bis heute begleitet. Ich habe alleine im Dezember unterm Sternenhimmel im Wald geschlafen, bin mit Schlittschuhen über eine zugefrorene Seenplatte geglitten, habe Rehe, Seeadler und Wildschweine aus der Nähe erleben dürfen. Jedes einzelne dieser Erlebnisse hat einen zarten Faden geknüpft, aus dem im Laufe der Jahre ein dickes Seil geworden ist. Wenn ich heute in den Wald gehe, dann kenne ich die Bäume und grüße sie beim Namen, weiß, wo der Bussard seinen Horst baut und wo die Mönchsgrasmücke singt.

Und ich habe mich mit Bräuchen und ihren Geschichten beschäftigt, besonders mit dem Jahreskreis. Seit fünf Jahren gibt es den Frauenkreis in der Wentorfer Lohe, wo wir einmal im Monat am Feuer sitzen und in Verbindung gehen mit der Qualität der Jahreszeit.

In der letzten Zeit sind die Jahreskreisrituale hinzugekommen, die ich während meiner Ausbildung als *transformation in natura*®-Coach von Ursula Seghezzi gelernt habe. In ihnen spielen die Geschichten der Menschen, die uns vorangegangen sind, eine besondere Rolle.

Zugleich schaue ich mir unsere Überlieferungen und Traditionen kritisch an, denn mir ist bewusst, dass vieles, was als uralte Tradition dargestellt wird, in Wahrheit viel später entstanden ist (wie zum Beispiel der so genannte keltische Jahreskreis, der aus dem 18. Jahrhundert stammt). Mir geht es nicht darum, urbane Mythen und Märchen weiterzugeben, sondern einen differenzierten und aufgeklärten Blick auf unsere eigene Tradition in Mitteleuropa zu werfen. Denn wenn wir das nicht tun, laufen wir Gefahr, unbewusst nationalsozialistische Propaganda zu wiederholen und ihr eine Stimme zu geben. Die Nazis waren sehr interessiert daran, „uralte“ germanische Bräuche zu finden und wieder zu beleben, wie z.B. die Sonnenwendfeiern, die im großen Stil organisiert wurden.

Ein kritischer Blick auf die Traditionen und tiefe Naturverbindung – das sind die beiden Säulen meiner Arbeit.

Mit diesen Werkzeugen habe ich mir einen Weg zurück gebahnt, weg von der Abgetrenntheit des modernen Alltags hin zu einem Eingeflochtensein in das lebendige Netz des Lebens um mich herum. Und in all dem macht es für mich auch wieder Sinn, die Raunächte zu feiern, das Ritual, mit dem alles begonnen hatte. Denn ich habe begriffen, dass sie eine einmalige Möglichkeit im Jahreslauf bieten, auf mich zu schauen, zu verstehen, was es braucht und wie es weitergehen kann. Was wichtig ist und was gehen darf. Was sich transformieren kann. Damit sind sie zu der kraftvollsten Zeit des ganzen Jahres für mich geworden, die Zeit, in der ich entdecke, was sich im neuen Jahr entfalten will.
Das möchte ich gerne weitergeben, dahinein will ich dich mitnehmen, mitten ins Herz der dunklen Zeit und in die Transformation.
Dafür werde ich dir verschiedene Möglichkeiten an die Hand geben. Denn ich möchte nicht, dass du in dieselbe Falle gehst wie ich damals, möchte nicht, dass du mit hohen Erwartungen startest, nur um dann enttäuscht zu werden.
Das Feiern der Raunächte sollte nicht in Stress ausarten, ein weiteres *To-do* auf deiner endlosen Liste werden, die es um Weihnachten herum zu erledigen gilt. Das ist nicht das Ziel dieses Buches, ganz im Gegenteil, dieses Buch will eine Einladung sein, zu dir selbst zu kommen, deiner eigenen Stimme zu lauschen und herauszufinden, was für dich stimmig ist.
Dazu eine Bedienungsanleitung: Die beiden ersten Kapitel sind eine historische Einführung in die Traditionen und Bräuche zu den Raunächten. Diese lege ich dir für eine ruhige Minute ans Herz, wenn du Lust hast, dich mit den Hintergründen zu beschäftigen. Willst du gleich mit der konkreten Vorbereitung der Raunächte beginnen, kannst du direkt zum dritten Teil blättern, da findest du alle Details für deine Raunachtszeit.
Doch zuerst einmal führt die Reise tief hinein in die Vergangenheit Mitteleuropas, in eine Zeit, in der die Menschen sich abends rund ums Feuer versammelten und Geschichten erzählten.

ERSTER TEIL

„De tied twischen de doog“

Die Geschichte(n) der Raunächte

Was sind die Raunächte?

Bevor wir uns auf die Reise begeben, wollen wir kurz eine Standortbestimmung vornehmen und uns anschauen, was die Raunächte genau sind und wo ihr Name herkommt.

Zeitpunkt

Die Raunächte bezeichnen die Zeit zwischen dem 25.Dezember und dem 6. Januar. Es handelt sich um zwölf Nächte und elf Tage. Einige Zählungen beginnen auch schon mit der Wintersonnenwende und setzen dann erst wieder am 26. Dezember ein, dann ist die erste Nacht die vom 21. auf den 22. Der Zeitrahmen ergibt sich aus der Differenz zwischen dem Sonnen- und dem Mondjahr, dazu findest du weiter unten mehr Informationen.

Verbreitung

Die Raunächte (seit der Rechtschreibreform ohne h) werden gerne als Brauch der Alpen dargestellt, der vor allem dort gelebt und gefeiert wurde. Doch tatsächlich gibt es in vielen Regionen Mitteleuropas Bräuche und Traditionen zu den zwölf Nächten. So heißen sie oft auch nur die „Zwölften"; in Friesland nennt man sie „De tied twischen de doog". Diese Zeit zwischen den Jahren war nicht nur für die Menschen im Alpenraum eine besondere, sondern für alle, die in Mitteleuropa lebten. In abgelegenen Regionen hielt sich die Tradition besonders lange, das war zum Beispiel auf der Nordseeinsel Föhr der Fall; aber auch aus dem Harz, aus Thüringen und aus Pommern sind zahlreiche Bräuche überliefert. (Und diese Aufzählung ist beileibe nicht vollständig).

Die Herkunft der Raunächte

Herkunft des Namens und neuere Geschichte

So ganz einig ist man sich nicht, woher der Name „Raunächte" kommt und worauf er sich bezieht. Der erste Teil des Namens könnte auf *rûch* verweisen, das kommt aus dem Mittelhochdeutschen und bedeutet „haarig". Es würde sich auf die fellbekleideten Geister beziehen, die in diesen Nächten ihr Unwesen treiben. Eine weitere gängige Ableitung ist die vom Wort „Rauch", das bezieht sich auf den Brauch, während dieser besonderen Zeit zu räuchern.

Wie alt das Wort Raunächte letztlich ist, ist unsicher. Die ersten schriftlichen Erwähnungen sind erst im Jahr 1860 zu finden, als die Volkskunde entstand und man begann, die Bräuche und Traditionen zu erforschen, d.h. zu einer Zeit, in der so mancher Brauch schon wieder in Vergessenheit zu fallen drohte.

Die Beschäftigung mit alten Bräuchen erfreute sich auch im 20. Jahrhundert ungebrochener Beliebtheit. Rudolf Steiner interessierte sich zum Beispiel sehr für die Raunächte und band diese Zeit als besondere Zeit der Besinnung und Erkenntnis in seine Anthroposophie ein. Nur wenige äußerten sich so kritisch wie der Volkskundler Johannes Gillhoff 1926: „Nüchtern und platt gesagt: Mit der alten Firma Wotan und Cie. ist heute nicht viel mehr los. Die Stützungsversuche, die da unternommen werden, kommen auch zu spät. Da ist nichts mehr zu wollen."

Doch solche kritischen Stimmen gab es nur wenige. Die deutschtümelnde Stimmung der zwanziger und dreißiger Jahre des 20. Jahrhunderts legte großen Wert auf ungebrochene „germanische"

Traditionen. Die Nationalsozialisten wollten mit angeblich germanischem Brauchtum die christlichen Festtage verdrängen. Die Raunächte wollten sie als Fest der Ahnenverehrung feiern. Der neue, monströse Kult um die arische Rasse sollte dadurch weihevoll und althergebracht wirken.

Nach der Zeit des Nationalsozialismus gerieten die Raunächte in der öffentlichen Wahrnehmung erstmal in Vergessenheit, das zeigt die Wortverlaufskurve im DWDS, dem digitalen Wörterbuch der deutschen Sprache, welches abbildet, wie häufig ein Wort in den Medien erwähnt wird.
Auch im privaten Alltag gingen die Bräuche immer mehr verloren. Die Industrialisierung der Landwirtschaft in den fünfziger Jahren, als viele Höfe aufgegeben wurden, führte zum Abbruch vieler Traditionen. Immer weniger Menschen gingen nun in den Raunächten noch um den Hof und räucherten Haus und Stall, immer weniger wussten noch um die Bedeutung der einzelnen Bräuche, das Interesse an den Raunächten versiegte.

Das änderte sich erst 2016, auch das spiegelt sich in der Wortverlaufskurve des DWDS. Seitdem steigt sie steil an: Noch nie wurde so viel über die Raunächte geschrieben wie in den letzten acht Jahren.
Dieser Boom steht sicherlich im Zusammenhang mit dem Wunsch, sich – gerade angesichts der zahlreichen Krisen der Welt – wieder mit der Natur zu verbinden und dabei auf alte Traditionen zurückzugreifen.

Diese Entwicklung freut mich persönlich sehr. Und zugleich halte ich es immer für sinnvoll, genau hinzuschauen, mit was man sich verbindet, was die Hintergründe sind, einfach weil alte Bräuche und Traditionen historisch auch immer gerne missbraucht und vereinnahmt wurden – die Nationalsozialisten waren darin Meister.
Darum werde ich mir im Folgenden anschauen, wie die Raunächte entstanden sein könnten und was man daraus schließen kann. Dafür gehe ich einmal weit zurück in unsere Vergangenheit, vor die Zeit der Germanen, auf die sich die Nationalsozialisten immer so gerne beziehen. Denn die Germanen waren nicht die ersten Menschengruppen, die Mitteleuropa besiedelten.

Die Göttin der ersten Bauern: Frau Holle

Frau Holle kennen wir meist aus dem Märchen von Goldmarie und Pechmarie. Sie tritt aber auch in mehreren alten Sagen und Märchen auf, die von den Raunächten berichten. Wie es dazu kam und was diese Märchen uns über das Leben der früheren Menschen erzählen, darum soll es im Folgenden gehen.
Denn lange vor den Germanen, um 5.000 v. Chr. kamen die ersten Bauern aus dem fruchtbaren Halbmond (das ist ein Gebiet im Vorderen Orient) nach Mitteleuropa. Sie brachten Kühe und das Wissen um den Ackerbau mit. Damit begann das Zeitalter der Jungsteinzeit, sie verdrängten die bereits in diesem Gebiet lebenden Jäger und Sammler, die Mesolithiker (Mittelsteinzeit-Menschen). Für die Mesolithiker war ihre ganze Umwelt beseelt („animistisches Weltbild") – das zeigen zum Beispiel die Funde um die so genannte Schamanin von Dürrenberg. Während sie sich eins mit der Natur fühlten, hatten die Jungsteinzeit-Menschen bereits ein anderes Verhältnis zur Natur.
Anders als die Jäger und Sammler waren die Ackerbauern auf gutes Wetter für ihre Ernte angewiesen. Die Natur war für sie eine Macht, die in Schach gehalten und der geopfert werden musste. Das zeigen uns die frühen Bauwerke und die Grabanlagen, die von ihnen überliefert sind. Zu den bemerkenswerten Bauwerken, deren Überreste Archäologen gefunden haben, gehören die sogenannten Kreisgrabenanlagen, auch als Sonnenobservatorien bekannt. Das älteste uns bekannte Sonnenobservatorium stand in Goseck in Mitteldeutschland. 2005 wurde es aufgrund der archäologischen Ausgrabungen rekonstruiert, sodass sich auch heutige Menschen ein Bild davon machen können: Es besteht aus zwei großen Kreisen aus Holzpalisa-

den, in denen mehrere Öffnungen frei gelassen wurden. Diese sind nicht zufällig, sondern mit ihrer Hilfe kann man den Zeitpunkt der Wintersonnenwende bestimmen. Eine der Öffnungen des Kreises zeigt genau auf die aufgehende Sonne zum Zeitpunkt der Wintersonnenwende, eine andere auf die untergehende Sonne an diesem Tag (ähnliche Ausrichtungen kennen wir zum Beispiel vom späteren Stonehenge in England, dort wurden entsprechende Steintore aufgebaut).

Das Sonnenobservatorium beweist, dass die ersten Ackerbauern sich mit dem Lauf der Sonne im Jahreskreis beschäftigten.
Warum war das wichtig für sie? Für uns heutige Menschen ist das gar nicht mehr so einfach nachzuvollziehen, denn wir sind umgeben von Kalendern, Datums- und Zeitangaben – häufig mehr, als uns guttut. Die ersten Ackerbauen hingegen kannten all das natürlich noch nicht. Im Gegensatz zu den Jägern und Sammlern waren sie sesshaft und mussten selbst wissen, wann der richtige Zeitpunkt für Aussaat und für Ernte gekommen war.

Dafür genügte es nicht, den Lauf des Mondes zu verfolgen, denn dieser vollendet seine Bahn um die Erde bereits nach 28 bis 30 Tagen. 12 Mondmonate ergeben 354 Tage, ein Mondjahr ist also deutlich kürzer als ein Sonnenjahr mit seinen 365 Tagen.
Das heißt, wenn sich unsere frühen Vorfahren nur auf die Zählung der Mondmonate verließen, verschoben sich die Jahreszeiten. Das war wiederum für Menschen, die von den Früchten des Ackerbaus abhingen, lebensgefährlich. Der richtige Zeitpunkt für Aussaat und Ernte entschied über Leben und Tod.
Darum entstanden vermutlich die Sonnenobservatorien, die es ermöglichten, den Kalender immer wieder nachzujustieren. Dabei wird den Erbauern nicht verborgen geblieben sein, dass immer elf Tage und zwölf Nächte nach einem vollendeten Mondjahr bis zum Beginn des Sonnenjahres gefehlt haben. Das Jahresrad stand still.
Diese fehlenden Tage waren dunkel und kurz, denn die Rückkehr des Lichts erfolgt in einer Sinus-Kurve: Am Anfang merkt man so gut wie gar nichts, erst um den 2. Februar herum werden die Tage mit einem Sprung wieder merklich länger.
Kein Wunder also, dass diese Zeit der dunklen Tage, die zwischen den Jahren lag, als besonders galt.
Wie die Menschen damals sie begangen haben – das werden wir wohl niemals erfahren, denn das verraten uns die archäologischen Ausgrabungen nicht. Es gab auch noch keine Schrift, mit der sie uns ihre Gedanken überliefern konnten.
Was wir wissen, ist, dass die Menschen dieser Zeit geopfert und gefeiert haben. Vermutlich haben sie eine weibliche Gottheit verehrt. Und sie werden sich Geschichten am Feuer erzählt haben – so wie es Menschen seit jeher tun. Geschichten, die von den Erlebnissen des Tages und des Jahres berichteten, davon, was es für ein gutes und langes Leben brauchte. Die Autoren Samira El Ouassil und Friedemann Karig sehen in diesen Geschichten das, was uns zum Menschen macht. Wir sind sozusagen „erzählende Affen“: Mit den Geschichten wurde das Wissen, das man zum Überleben brauchte, über viele Generationen mündlich weitergegeben. „Je besser die Geschichte, desto eher wurde sie weitererzählt. Je wichtiger die Geschichte, desto aufmerksamer wurde ihr zugehört.“

Wie lange solche Geschichten weitergegeben wurden? Das ist schwer zu sagen. In Australien gibt es im Volk der Gunditjmara eine Legende, die von einem Vulkanausbruch erzählt. Forscher*innen haben herausgefunden, dass dieser vermutlich vor 37 000 Jahren stattgefunden hat. In Newgrange in Irland wurde vor 5500 Jahren ein Mann in einem Hügelgrab bestattet, der aus einem Inzest hervorgegangen ist. Aus derselben Region sind Sagen überliefert, in denen ein König die Sonne und das Tageslicht weckt, in dem er mit seiner Schwester schläft. Bei mir um die Ecke in Grünhof Tesperhude wurde um 1200 v. Chr. eine Frau mit ihrem Kind in einem Totenhaus bestattet, das bei der Beerdigung verbrannt wurde. Danach wurde über die Brandreste ein Erdhügel aufgeschüttet. Bei der Ausgrabung 1932 wurde Ortsansässige danach gefragt, sie erzählten von einer Sage um einen Hügel, wo in alter Zeit ein großes Feuer gebrannt hätte.

Das sind nur einige Beispiele von Sagen und Legenden, wo es wahrscheinlich ist, dass historische Ereignisse durch mündliche Zeugnisse bis heute weitergegeben wurden. Dasselbe gilt auch für viele Märchen. Auch sie berichten aus einer Zeit, aus der wir keine schriftlichen Nachrichten haben.
Zum ersten Mal aufgezeichnet wurden die Märchen ab dem 18. Jahrhundert u.a. von den Gebrüdern Grimm. Einige von ihnen erzählen von einer mythischen Figur, die vor allem in den Raunächten umherging: Frau Holle, auch Berchta genannt. Frau Holle ist bekannt aus dem gleichnamigen Märchen als alte Frau, die das Wetter machen kann, die belohnt und straft. Doch sie hat auch noch viele andere Facetten.

VERSCHIEDENE NAMEN FÜR FRAU HOLLE

Frau Holle oder Berchta (Perchta) sind vermutlich ein und dieselbe Göttin, Frau Holle hieß sie in Thüringen und Hessen, Berchta oder Percht(a) im Alpenraum. Der Name „Percht" stammt aus dem Althochdeutschen und wird abgeleitet von *peraht*, „hell, glänzend", die Percht ist also die „Glänzende", die „Leuchtende" (Wikipedia). Durch die Sprachwissenschaft hat man herausgefunden, dass der Name wahrscheinlich schon vor dem 7. Jahrhundert entstanden ist.

Wenn man sich diese Märchen genauer ansieht, dann ist auffällig, dass Frau Holle in ihnen unterschiedlich dargestellt wird: Auf der einen Seite entspricht Frau Holle der Figur aus dem gleichnamigen Märchen. Sie ist ein übernatürliches Wesen, ähnlich einer Göttin, die rechtes Tun belohnt und Habgier bestraft, so wie zum Beispiel auch im folgenden Märchen.

Frau Holles Wagen

Es war einmal ein armes Ehepaar, dem wurde kurz vor Weihnachten ein Kind geboren. Der Mann ging am Morgen des Heiligen Abends hinaus in den Wald, um Holz zu hauen. Wie er nun auf dem Heimweg war, wurde er von der Nacht überrascht.
Als er an sein Zuhause dachte, an seine Frau und das neugeborene Kind, stieß er wie von ungefähr mit dem linken Fuß an eine Knolle, die unter dem Schnee verborgen lag.
Alsbald erhob sich der Nachtwind aus einer Schlucht, der hob ihn wie Flügel aus seinem Pfad, blähte wie Segel des Wanderers Kleider und entrückte ihn ganz. Nur mühsam vermochte der Mann sich auf Weg und Wirklichkeit zu besinnen, denn der ganze Wald schien im Wandel der Weihnacht. Alle Bäume hatten ein Licht aufgesteckt. Ein großes die großen, ein kleines die kleinen, und es leuchtete von all diesem Schein, als reihe sich Stern zu Stern. Immer dichter wurde das Holz, immer heller der dämmernde Zauberschein, der den Mann so verwirrte. Es mutete ihn an, als wüchsen alle Bäume aus einer gewaltigen Wurzel und als wäre der ganze Wald nur ein einziger mächtiger Baum.
Da stob es heran wie mit Rossen des Sturmwinds, davor sich alle Kronen beugten, und die wehenden Lichter wichen vor einem Fahrzeug, das aus der klingenden Ferne zwei dampfende Schimmel zur Stelle brachten. In dem zierlichen Wagenkasten saß eine weiße Frau, die spann einen langen silbernen Faden, und die Spindel tanzte weit unten im Grund. Aber wie eine schwere Woge am Ufer aufsteigt und stockt, so verhielten die Hufe den donnernden Lauf und der Wagen stand.
„Du kommst mir daher wie geheißen“, beugte sich die Spinnerin dem Holzfäller entgegen. „Nimm schnell dein Handbeil und

verkeile mir den Wagen. Gib acht, dass der Nagel aus bestem Kernholz ist, denn Himmel und Erde muss er mit der Nabe zusammenhalten, und wenn er bricht, zerfällt die Welt.

Am kleinsten Werk hält die Ordnung der größten Dinge."

Alsbald warf der Mann die Harke von seiner Schulter, kniete nieder und betrachtete den Schaden.

Der Keilbolzen am linken Rad war zerschellt, das Rad in Gefahr auszuscheren. Er blickte auf die vornehme Spinnerin und sprach: „Wer schnell hilft, hilft doppelt."

Ohne zu zögern schlug er ein kerniges Bäumchen um, hieb es zurecht, dass die Späne nur so flogen, und fertigte einen kräftigen Keil daraus.

Dann schlug er diesen vor die Nabe und verfestigte ihn mit aller Kunst. Zum Schluss richtete er noch die Deichsel, rückte das Pferdegeschirr zurecht und schon rissen die Rosse an den goldenen Ketten, schnoben und brausten dahin. „Die Späne nimm, dein Lohn steckt drin", hörte er die Wagenlenkerin noch rufen. Dann war alles, Frau und Wagen, in der dämmernden Lichtnacht versunken. In dem sausenden Nachtwind staubten die Flocken vom Schnee. Der Mann nahm nun ein paar der Späne, steckte sie in seine Tasche und warf das Beil wieder über. Dann ging er heimwärts, und es ärgerte ihn ein wenig, dass ihn die vornehme Frau nur mit einem lumpigen Abfall bezahlen wollte. Wie er der Begegnung noch nachsann, drückte ihn sein Schuh, und es schmerzte ihn etwas Kantiges an den Fersen, dass er sich schließlich auf einem Baumstumpf niederließ. Da saß er denn, zog sich die Schuhe vom Fuße und stülpte sie um.

Wie er sie wieder anzog, da blinkte ein Häufchen von Spänen im Schnee. Die gleißten im Mondlicht wie eitel Gold und wogen wohl so schwer wie gediegene Gulden. Da erkannte der Mann an der kostbaren Löhnung, dass es Frau Holles Wagen gewesen war, den er verkeilt und gerichtet hatte. Mit frohem Mut trat er denn in die Hütte ein zu Weib und Kind, brachte die schöne Mär von Frau Holles Umfahrt und legte den Goldschatz der Frau in den Schoß. Sie hatten es nun zu einem bescheidenen Wohlstand gebracht, und was der Mann von da an in die

Hände nahm, das wuchs und gedieh ihm. So war er denn inne der Weisheit, dass Himmel und Erde hängen am ehrlichen Tagwerk des Menschen.
Nun aber lebte in seiner Nachbarschaft ein reicher Bauer, der war sehr geizig und dünkte sich neun Mal klüger als andere, wie dies eben Narren so oft vermeinen. Er kreidete sich den bewussten Tag im Kalender wohl an und schlenderte im nächsten Jahr mit der Axt durch das nämliche Waldstück. Und wieder fuhr Frau Holle daher mit ihrem Gefährt. Sie beugte sich über die Brüstung und fragte barsch den Bauern, woher er denn komme? Dem schlotterten schon lange sämtliche Glieder und er stotterte mühsam seine Sprüchlein vom Beil, vom Wagenkeil und der goldenen Löhnung. „Ich bin selber mit Werkzeug versehen und meine Axt liegt griffbereit. Weil du aber aus Habsucht dein Beil anbietest, sollst du auch durch das Beil deinen Lohn bekommen." Sprach's und schlug ihm ihr Beil in seine Schulter, dass Brust und Rückgrat zusammenklappten und hinten wie vorne ein mächtiger Buckel den Wuchs zerbrach. Schon rissen die Rosse am Geschirr, und Weib und Wagen verwehten im Dunst der Ferne. Der Bauer aber trug entsetzt seine Ungestalt als Zeichen seiner Schuld nach Hause.

Da aber tröstete ihn sein Nachbar und sprach: „Wenn es wieder auf Weihnachten zugeht, dann bitte Frau Holle, denn sie wird nicht lange zürnen." Und so zog er denn, nach einem Jahr, wieder am Heiligen Abend in den Wald. Da fuhr Frau Holle abermals vor, zügelte ihre Rosse, neigte sich über ihn und fragte nach seinen Geschäften. Der Mann wies ihr seine Ungestalt und klagte sich ehrlich an, dass er durch Habgier und Aberwitz die edle Frau im vorigen Jahr aufgebracht hätte. Da hob Frau Holle den Finger und lächelte: „Wisse, nicht mich hast du damals beleidigt, sondern dich selbst. Ich besinne mich wohl. Vor einem Jahr hieb ich mein Beil an genau dieser Stelle in einen gar groben Klotz. Der Klotz ist geblieben, der Grobian ist geschieden. So will ich das Beil denn dem Klotz entreißen." Kaum gesagt, so stand der Mann wieder glatt und schlank nach seiner jungen Gestalt im Wald der Frau Holle. Ehe er sich aber seines Glücks besann und seinen

Dank sagen wollte, da war die Erscheinung erloschen. Wenn auch keine goldenen Späne mehr für ihn abfallen wollten, so trug er doch das schönste Geschenk mit nach Hause: einen gesunden Körper, wie ihn Gott einst erschaffen und gewollt hatte.

(nacherzählt von Sigrid Früh)

Das ist nicht das einzige Märchen, in dessen Mittelpunkt Frau Holle oder P/Berchta steht. All diesen Sagen, ob nun aus Thüringen, Hessen oder dem Alpenraum, ist gemein, dass Frau Holle als eine nährende und mächtige Figur auftritt, die die Menschen belohnt, aber auch straft.

Was steckt hinter diesen Märchen? Es waren nicht einfach Geschichten, sondern sie erzählten auch davon, wie man sich zu benehmen hatte, was man dem Zeitgeist gemäß zu tun und zu lassen hatte, damit die Welt weiterging. Nicht umsonst nannte der Philosoph Walter Benjamin das Märchen den ersten Ratgeber der Menschheit. Das zeigt auch die folgende Geschichte, in der es darum geht, wie man sich während der Raunächte verhalten sollte.

Das ausgeblasene Licht

Am Fuß des Gebirges stand ein altes Bauernhaus. Da zog in jeder Dreikönigsnacht, welche dort Berchtanacht heißen, Frau Berchta vorüber. Die Heimchen begleiteten sie auf ihrer Fahrt.

Nun war es einmal so Sitte und geschah aus alter Verpflichtung, dass die Bäuerin einen Tisch mit Speisen und Trank an dem Hohlweg aufstellen musste, wo der nächtliche Umzug entlangfuhr. Dann sprach Frau Berchta den Segen über die Gaben und die Geber, kostete wohl auch und blieb den Feldern, dem Vieh und der ganzen Sippe gewogen. Aber es waltete ein strenges Gebot, dass keiner an solchem Abend aus diesem Hause ging zu spähen oder zu lauschen, damit Frau Berchta nicht in frevelhafter Neugier belästigt würde, wenn sie sich einmal erquicken wollte.

An einem solchen Abend, als die Bäuerin wieder den Tisch an der Schlucht mit Sorgfalt bereitet hatte und eben der Mond über den Bergwald aufstieg, da wurde die jüngste Magd des Hauses von Zweifel und Neugier geplagt.

Alsbald schlich sie sich hinüber, verbarg sich hinter dem Heuschober und lugte nach dem festlichen Tisch, auf dem noch die Speisen dampften.

So harrte sie ungeduldig, was sich begebe, und trat von einem Fuß auf den anderen. Aber da wollte sich gar nichts tun. Kein Hase sprang über das Schneefeld, kein Vogel hing im vereisten Gezweig der Birke, die sich glitzernd wie ein Glasbaum im Mondlicht über die Tafel bog. Es schläferte schon die Stille des Wartens zu ihr herein, und das Mädchen verlor seinen Glauben an die Berichte der Alten.

Da endlich erhob sich ein feines Zirpen vom Bergwald her, wie Liedersingen und Saitenklang. Es kam näher mit trippelnden

Schritten im weichen Schnee die Schar der seligen Heimchen. Voraus schritt Frau Berchta selbst, und um sie verdichtete sich der Mondschein zum Glanz. Die Kleinen hingen ihr an und schlüpften unter ihren wallenden Mantel wie die Kücklein unter die Fittiche der Glucke. Andere summten und sangen zu Zitter und Geige mit silberner Stimme. Am Ende schleppten sich einige mit einem schweren Pflug ab, der schleifte über die Acker hin. Auch Krüge mit goldenem Tau gefüllt trugen die Kleinen. Der schwappte über und drang durch den Schnee in den schlummernden Boden.

Jetzt blieb Frau Berchta nachdenklich hinter dem Gabentisch stehen und sagte zu einem von den Heimchen: „Ich sehe zwei Lichter, die sind zuviel, geh' hin und blase sie aus."

Das Mädchen hinter der Holztür fühlte den kalten Anhauch auf seiner Wimper, und der Mondschein erlosch. Es stülpte sich über sie hin wie ein schwarzer Sack. Das schöne Singen vergrollte in Weh und Ach. Erschrocken stieß sie die Türe auf, aber auch dort draußen blieb sie in ihrer Lichtlosigkeit gefangen. Der Mond war tot.

So tappte sie weinend zum Hof zurück und suchte im Rauchfang nach dem gewohnten Leuchten der Flamme, aber die Herdglut biss nur ihre Haut und sengte die Wimpern, denn der Blick war erloschen. Blind war sie, und geblendet blieb sie, und da half ihr kein weises Sprüchlein.

Nun aber lebte auf diesem Hof eine uralte Frau. Die war noch von der alten Welt. Sie saß zu jeder Stunde am Herd, spann im Rauch und roch das Unsichtbare. Die Kunde von den alten Zeiten war ihr noch zugegen, und sie wusste mehr von dem Wechsel und Wandel der Dinge als die anderen.

Manchmal, mitten im fleißigen Spinnen, hielt sie das Rädchen an, legte ihre welken Hände in den Schoß, blickte wie in weite Ferne und seufzte aus glücklicher Erinnerung:

„Ach, das waren noch Zeiten, als Berchta spann",

dann brach ein Leuchten aus ihren alten Augen heraus, als wäre die Angerufene eingetreten. Nun musste die sonst so flinke Magd viel bei der Alten am Rauchfeuer sitzen und spinnen, Flachs brechen, hecheln oder sonst eine Arbeit machen, wie sie

auch wohl ein Blinder zusammentastet. Aber sie saß da, steif und verstockt an der Glut, und ihre junge Seele war eingefroren vor bitterem Harm. Also verharrte sie in den Wintertagen vor Trotz, und kein Trost der Alten vermochte sie zu erwecken.
Als aber endlich der Frühling aus allen Büschen brach und das erste Vogellied aus dem Blumengarten herüberwehte, da taute ihre Seele auch wieder auf, und die Geblendete rief in plötzlicher Freude:
„Hörst du Großmutter, so hör doch, wie der Vogel ruft. Was er wohl weiß, was er wohl will. Oh, wer nur die Sprache der Tiere verstünde, was möchte man da alles erfahren.“ Da lächelte die Alte und sprach: „Auf dieses Lied habe ich lange gewartet. So will ich dir aus alter Erfahrung erzählen, was mir für Kunde wurde aus jener Zeit, als noch Frau Berchta überall unter den Menschen gewirkt hatte.“ Sie knüpfte einen neuen Faden an den alten und erzählte von der Waldfrau, der Spinnstubenmuhme, der Herrin des Rosengartens und der Mutter der Heimchen. Immer neue Geschichten lockte die Junge aus ihr heraus und erhellte damit ihr dunkles Jahr, bis wieder die Heiligen Zwölften kamen.
Schon duftete es im Garten nach Honigkuchen und süßem Gewürz, schon schwang die Verheißung vom Kind über die ganze Erde hinaus, schon rüstete sich die versunkene Sonne zur Wiedergeburt aus dem Schatten der Wendenacht.

Oft lag das Mädchen lange noch lauschend wach auf seinem Lager und bedachte alles, was der alten Großmutter Mund ihr verkündet hatte. Sie hatte sich selbst wie in einem Spiegel gesehen, durch den ihr die inneren Augen geöffnet waren. Sie hatte dies alles gelebt und gelitten wie Eigenes, und da sie nun hinauslauschte in die Nacht aller Nächte, da wusste sie, dass die Erfüllung vor der Tür stand.
So lag sie dann und wartete auf die Stunde, da gewahrte sie vom Kuhstall herauf ein sonderbares Getue.
Sie hörte, wie der Stier seine Hörner am Krippenholz wetzte. Und sie vernahm deutlich aus seinem wiederkäuenden Maul die dunklen Worte: „Du“, sagte der Stier zur Kuh, „Wusstest du auch schon, dass Frau Berchta der Blinden vergeben will?“

Da antwortete die Kuh: „Du, weißt du auch schon, dass Frau Berchta die Blindheit von diesem Mädchen nehmen will?"
„Wie soll das aber geschehen?" fragte dumpf der Stier.
Da antwortete die Kuh: „Es wird geschehen, wie Frau Berchta der alten Großmutter verkünden wird." Dies alles geschah nun dem Mädchen so wie im Traum. Sie vermochte kein Glied zu rühren, und es war diese Nacht voller verworrener Stimmen und dunkler Gesichter.
Am Morgen berichtete sie der Alten, was ihr die Tiere verheißen hatten.
Da sagte diese: „In dieser Nacht sah ich Frau Berchta über die Berge gehen. Sie sah aus wie meine selige Mutter, grüßte vertraulich und gab mir eine Bestellung mit. Du sollst ihr am Berchtenabend den Tisch an der Schlucht bereiten, dort will sie dir noch einmal erscheinen. Ein Wort stützt nun das andere und so mag es denn wohl geschehen."
Die Sonne versank in der zwölften Nacht, da nahm die alte Großmutter das blinde Mädchen an der Hand und ging mit ihr hinauf an den Hohlweg. Unter der Birke schlug die Blinde den Tisch auf, breitete weißes Linnen darüber, strich das Tuch mit Sorgfalt glatt und rückte Schüsseln und Krüge zurecht. Aus ihren tastenden Händen stieg der Blinden das Bild des vorigen Jahres wieder herauf, wo sie beim Blick auf diese Gaben in ewige Nacht gefallen war.
Ihre Augen wurden zu zwei lebendigen Brunnen und die salzigen Tropfen sickerten in das weiße Linnen.
Da hörte sie eine gütige Stimme, die fragte ganz dicht über ihren Augen: „Der Mond, der scheint, wer barmt, wer weint?"
„Ach", so klagte sich das Mädchen nun schuldig an. „Ich wollte Frau Berchta mit Augen sehen, und das war doch gegen ihr Gebot. Ich glaubte es nicht und verlor den Mond, die Sonne und aller Dinge Leuchten."
Da sagte Frau Berchta, denn sie selber war wiedergekommen mit ihren Heimchen: „Das soll wohl wahr sein. Vor einem Jahr habe ich an dieser Stelle zwei Augen gelöscht und dafür zwei innere Lichter angezündet. So trage denn doppeltes Licht, gehe hin und vergiss das Beste nicht."

Und sie blies dem blinden Mädchen in die toten Augen also, dass das Licht aufblühte mit all seinen Sternen, und alles ringsum schien wie im Jahr zuvor.
Der Mond schien auch, der Tisch war zubereitet unter der glitzernden Birke, doch Frau Berchta mit ihren Heimchen war schon längst über alle Berge gezogen. Von fern wehte es noch wie Gesang und liebliches Saitenspiel.

(nacherzählt von Sigrid Früh)

Wenn diese Märchen eine wichtige Botschaft übermittelten, was können wir aus ihnen über diese Zeit lernen? Es war wichtig, Frau Berchta zu achten, ihr Gaben zu schenken und ihr nicht zu nahe zu treten. Und Hilfsbereitschaft wurde großgeschrieben, ebenso wie Achtsamkeit auch in den kleinen Dingen. Denn: „Am kleinsten Werk hält die Ordnung der größten Dinge“, so wie es in dem ersten Märchen heißt.
Wurden diese Regeln befolgt, so gab es reichen Lohn dafür, wurden sie missachtet, folgte die Strafe auf dem Fuß. Damit lernten alle, die diesen Märchen zuhörten, wie sie sich verhalten mussten, damit sie ein gutes Leben führen konnten.
Frau Holle wird auf ihrem Zug begleitet von den Heimchen, auch Seelchen genannt, das sind die Seelen der Verstorbenen, die darauf warten, dass sie wieder geboren werden, wie auch in dem folgenden Märchen.

Einer jungen Frau war das einzige Kind gestorben. Sie weinte über alle Maßen und konnte sich nicht zufrieden geben. Jede Nacht lief sie hinaus auf das Grab und jammerte, dass es die Steine hätte erbarmen mögen. In der Nacht vor dem heiligen Dreikönigsfeste sah sie Percht nicht weit von sich vorüberziehen. Und gewahrte, den andern Kindern hinterdrein, ein kleines mit einem ganz durchnässten Hemdchen angetan, das in der einen Hand einen Krug mit Wasser trug und, matt geworden, den übrigen nicht folgen konnte. Ängstlich blieb es vor einem Zaune stehen, den Percht überschritt und die andern Kinder überkletterten. In diesem Augenblicke erkannte die Mutter ihr Kind, eilte hinzu und hob es über den Zaun. Während sie es in den Armen hielt, sprach es: „Ach wie warm sind Mutterhände! Aber weine nicht so sehr, du weinst mir meinen Krug sonst gar zu schwer und voll; da sieh, ich habe mir mein ganzes Hemdchen schon damit beschüttet.“ Da weinte sich die Mutter noch einmal herzlich aus.

(nacherzählt von Paul Quensel)

Die Bilder und Themen dieser Märchen erzählen von Verbundenheit mit der Natur und den Verstorbenen, es liegt Trost und Liebe in dieser Verbundenheit.

Welche Gesellschaft hat diese Geschichten erzählt? So genau wissen wir das nicht, aber sie könnten aus dem Beginn der Jungsteinzeit stammen, dem bäuerlich geprägten Alteuropa. In dieser Zeit war das Land noch weit und gewalttätige Auseinandersetzungen selten. Ob das stimmt, ist umstritten, auch weil es nur schwierig nachweisbar ist.

Wenn wir heute diese Märchen lesen, wird es uns warm ums Herz. Die freundliche Figur der Frau Holle hat auch für Menschen unserer Zeit etwas Mütterliches, Tröstliches. Natürlich würden wir eher zu einem Augenarzt gehen, wenn wir nicht mehr sehen können, anstatt nachts an einer Wegkreuzung auf eine wundertätige Frau zu warten. Aber die Erfahrung, die in den alten Märchen steckt, ist trotzdem für uns nicht verloren: In der Dunkelheit, in der Natur, lässt sich

Trost und Heilung finden. Wenn wir die Augen öffnen für das tiefe Gefühl der Verbundenheit, das die Natur, aber auch die menschliche Gemeinschaft durchzieht, und wenn wir dafür dankbar sind, tut uns das gut.

Es wird kälter: Das wilde Heer

Neben diesen tröstlichen Märchen gibt es noch andere, die von Gewalt, Abtrennung und Tod erzählen.

In ihnen erscheint das Motiv des wilden Heers oder der wilden Jagd, das ebenfalls immer wieder mit den zwölf Nächten verknüpft wird. Vielleicht – und das ist eine These – sind sie das Ergebnis einer Zeit, als das Leben der Menschen sehr viel härter und anstrengender geworden war.

Denn das wurde es im Verlauf der Jungsteinzeit. Als nächstes wanderten Hirtenkulturen nach Europa ein. Sie brachten Pferde und Wagen mit und waren patriarchalisch organisiert. Männer verwalteten Macht und Besitz. Dadurch veränderten sich die Gesellschaften in Mitteleuropa von Grund auf. Es entstand eine hierarchische Gesellschaft, an deren Spitze ein Anführer stand, der ein Heer hielt und Krieg führte. Die Unterschiede zwischen Arm und Reich dürften bereits beträchtlich gewesen sein.

Diese Tendenzen verstärkten sich in den nachfolgenden Jahrhunderten. Kelten und Germanen betraten die Bühne Mitteleuropas. Beide waren keine geschlossenen großen Gruppen oder Nationen. Sie bestanden aus voneinander unabhängigen Stämmen, die sich aber untereinander verständigen konnten.

Die Germanen waren kriegerische Stämme, die den Gott Odin (auch als Wotan bekannt) verehrten. Und auch ihnen waren die Zwölf Nächte bekannt, nur war Wotan oder auch „der Gode“ (in Mecklenburg hielt sich das ursprüngliche Geschlecht, hier hieß es Frau Wode oder Waul) nun derjenige, der in diesen Nächten unterwegs war. Begleitet wurde er von einem wilden Heer oder auch der wilden Jagd, die durch die Lande zog und Unheil über alle brachte, die ihr begegneten.

Wotan und die wilde Jagd

In unserem Thüringen werden öfters, und zwar sonderlich um die heiligen Weihnachten und Fastnachten, nicht allein auf dem Felde, sondern auch in den Städten und Dörfern eine ziemliche Menge Gespenster und Teufelsgestalten gesehen, unter welchen sowohl lebendiger als auch gestorbener Leute Gesichter in großer Anzahl oft erkannt werden. Diese Gespenster erscheinen bald zu Pferde als Reiter, bald zu Fuß wie ein Zug Soldaten und streifen hin und wider. Vor diesem Teufelsheer zieht ein ansehnlicher alter und grauer Mann einher, welchen sie den „getreuen Eckhart“ nennen, mit einem Stecken in der Hand, den er hin und her bewegt und das herannahende Volk vermahnet, dass sie möchten etwas aus dem Wege weichen oder abseits treten oder gar nach Hause gehen, damit ihnen nicht durch ihre Kühnheit und Unbesonnenheit ein unnötiges Unglück über den Hals komme. Nach ihm folgt allerhand Teufels-Geschmeiße in großen Scharen und in allerlei Gestalt, gar gräulich und abscheulich anzusehen: etlichen sind die Köpfe abgehauen, etliche tragen das Gesicht auf der Brust, andere haben die Hände und Arme verloren, andere hinken auf einem Fuße oder haben die Beine auf die Schultern gelegt und können dennoch geschwinde fortlaufen; wieder andere sind an große Räder gebunden, die sie ohne Unterlass herumwälzen. Man hört in diesem Zuge Jägergeschrei, Hörnerblasen, Gebell der Hunde und sieht viele Hasen, die aufgejagt werden; es grunzen Schweine darunter, und brüllen Löwen und andere wilde Tiere.

(Thüringische Sage, aufgezeichnet von Paul Quensel)

Die wilde Jagd bestand aus Untoten und Gespenstern, die aber anders als der Zug der Seelchen vor allem Grauen und Angst erregten. Ging es zuvor noch um Trost, so war es nun lebensnotwendig, der wilden Jagd aus dem Weg zu gehen, um nicht von ihr mitgeschleift zu werden und zu sterben.

Ein Hammerschmied aus Unterschönau war in der Adventszeit gegen Mitternacht in seinen Pantoffeln aus dem Hause gegangen, um ein kleines Wehr zu verstellen. Da kam das wilde Heer gestürmt, packte den Mann und riss ihn mit sich fort über Berg und Tal. Als am andern Morgen die junge Frau ihren Mann suchte, fand sie nichts als die alten Schlappen am Grundwasser neben dem Wehr. Sie wollte sie aufheben und mit ins Haus nehmen; sie waren aber so fest an den Boden gebannt, dass es weder ihr noch ihren Nachbarsleuten möglich war, sie loszureißen. Und so blieben sie stehen. Sieben Jahre später hörte man in Unterschönau wieder um Mitternacht einen grässlichen Lärm durch das Dorf ziehen, und gleich darauf pochte es an der Tür des Hammerwerks. Die Frau machte auf, und vor ihr stand ihr totgeglaubter Mann in seinen alten Schlappen. Das wütende Heer hatte ihn an derselben Stelle wieder abgesetzt. Aber er konnte die Kost nicht mehr vertragen, und außerdem hatte seine Frau während seiner langen Abwesenheit einen anderen geheiratet; so starb er bald nach seiner Heimkehr. Wo der Hammerschmied in den sieben Jahren gewesen, hat niemand von ihm erfahren können.

(Thüringische Sage, aufgezeichnet von Paul Quensel)

Die Geschichten vom wilden Heer künden von der Angst vor der Natur und den Verstorbenen. Sie zeigen eine Gesellschaft voller Unsicherheit und Bedrohung, die die Natur nicht mehr als nährend, sondern als Feind erlebt. An die Stelle der Verbundenheit mit der Natur, die das Weltbild der Menschen in der frühen Jungsteinzeit bestimmte, ist eine scharfe Trennung getreten, die Naturgewalten sind das „Andere", Fremde, vor dem man sich schützen muss.
Es waren schwierige Zeiten für die Menschen, und sie versuchten sie zu verstehen mit Geschichten von strafenden und wütenden Göttern, mit Ge- und Verboten, die auch ihre Sagen transportierten. Darin ging es nicht mehr darum, Gaben bereit zu stellen, stattdessen war es wichtig, sich abzutrennen und keine Möglichkeiten zum Kontakt zu bieten.
Denn die Zeiten wurden nicht einfacher.
Klimaveränderungen gaben den Anstoß zur Völkerwanderung. Die Bevölkerung wuchs, überall entstanden neue Siedlungen, um die fruchtbaren Böden und die guten Standorte wurde gekämpft, Kriege überzogen Mitteleuropa.
Doch damit nicht genug: Rodungen (heute noch gut an der Endung -rode, -rade, -schlag, -scheid, -stock in den Ortsnamen erkennbar) griffen im Mittelalter tief in den Haushalt der Natur ein. Die Urwälder wurden weitgehend gefällt.
Die Moore wurden kultiviert, im Gebirge die Hochalmen erschlossen, überall gab es nun Spuren menschlichen Lebens. Der Mensch machte sich die Erde zunehmend untertan, seine Abtrennung von der Natur nahm zu, sie wurde immer mehr zu etwas „Anderem", das man kontrollieren musste.
Und der alte Glaube verschwand. Ab dem 8. Jahrhundert wurde Mitteleuropa christianisiert, 723 ließ der Missionar Bonifatius in Fritzlar die Donareiche, eine alte, von den ortsansässigen Chatten (einem germanischen Stamm) verehrte Eiche fällen und baute an ihrer Stelle ein Bethaus aus dem Holz dieser Eiche.
Ähnlich wie die Donareiche wurden viele heidnische Kultorte christianisiert. Doch die Christianisierung erstreckte sich nicht nur auf die Orte, sondern auch auf die alten Sagengestalten, die nun ausschließlich negativ dargestellt wurden.

Aus der hell leuchtenden Percht/Frau Holle wurde nun immer mehr eine furchterregende Gestalt, die vor allem als Kinderschreck diente, wie das folgende Gedicht von der „Berchten mit der langen Nas“ von 1393 zeigt, in dem ein Vater am 12. Tag nach Weihnachten sein Kind und sein Gesinde warnt:

Nun merket recht, was ich euch sage:
Nach Weihnachten am achten Tage,
Den man da nennt die Ebenweihe –
Gott gebe es, dass sie gedeihe –
Als man froh essen wollte zu Nacht,
Und als man auf den Tisch gebracht
Nun alles, was man haben wollte
Und was man Schönes essen sollte,
Da sprach der Herr zu dem Gesinde
Und auch zu seinem eignen Kinde:
„Esst alle wacker, das ist meine Bitt’,
Auf dass euch Berchta nimmer tritt!“
Das Kind in seiner Angst jetzt aß
Und sprach: „Ach Vater, was ist das,
Welches du Berchta nennst;
Sag’ mir, ob du es kennst?“
Der Vater sprach: „Das sag’ ich dir
Und sollst es wahrlich glauben mir:
Es ist so gräulich von Gesicht,
Dass ich es kann beschreiben nicht;
Und wer es denn vergisset,
Dass er gar tüchtig isset,
Dem naht es sich und stößet ihn!“

(aus dem mittelalterlichen Deutsch
übertragen von Paul Hansmann)

So grauenvoll, dass man nicht davon reden kann, sonst tritt es ein, so wird die Berchta in diesem mittelhochdeutschen Gedicht charakterisiert. Damit ist aus der leuchtenden, strengen, aber gerechten Perchta/Frau Holle ein grauenvoller Dämon geworden, vor dem man sich hüten, dessen Name man noch nicht einmal benutzen darf.

Die aber – und das ist das Interessante daran – unglaublich viel Macht besaß, sodass man sie besänftigen musste, indem man sich genau an ihre Gebote hielt.

Gründe, sich genau an diese Gebote zu halten, gab es reichlich. Das Leben der Menschen im Mittelalter war alles andere als einfach. Die Hierarchisierung der Gesellschaft nahm zu, die Armen hungerten, die Reichen schlemmten.

Gleichzeitig tobten in den Städten immer wieder die Krankheiten wie die Pest, machten Naturkatastrophen den Menschen zu schaffen.

Auch wenn man jetzt den christlichen Gott anbetete und um Gnade bat, wenn das Leben allzu aussichtslos schien, so hielten sich im Untergrund doch noch hartnäckig die alten Bräuche und Überlieferungen.

Man konnte schließlich nicht vorsichtig genug sein, und es schadete ja nicht, auch die alten Ge- und Verbote zu beachten. Denn wer wollte schon den Zorn der Percht provozieren, indem er in den Raunächten Wäsche wusch ...

Heutzutage haben wir für alles eine wissenschaftliche Erklärung, haben scheinbar alles im Griff. Und doch faszinieren uns die alten Geschichten bis heute, gibt es Verhaltensweisen, die sich tief in uns eingebrannt haben.

ZWEITER TEIL

Bräuche

Ursprung

Wäsche wollte sie nicht waschen, auf gar keinen Fall. Da war die Nachbarin meiner Eltern sehr entschieden, auch wenn sich die Wäscheberge aus der Weihnachtszeit im Wohnzimmer türmten. Warum das so war, hätte sie nicht sagen können, sie wusste einfach nur, dass es sich nicht gehörte.
Das sind die letzten Überreste der alten Ge- und Verbote zu den Raunächten, so wie sie uns überliefert sind.
Wie alt diese Bräuche sind, ist nicht feststellbar, die schriftlichen Aufzeichnungen darüber setzen erst im 16. Jahrhundert ein. Vorher gibt es keine Belege für die Bräuche. Das heißt nicht, dass es sie vorher nicht gegeben hat, es zeigt nur, dass sie vorher keiner Erwähnung wert waren.
Dazu muss man sich vor Augen halten, dass bis ins 16. Jahrhundert hinein der Großteil der Menschen Analphabeten waren. Erst mit dem Aufkommen des Buchdrucks konnten immer mehr Menschen lesen und schreiben, entstanden auch in kleineren Dörfern und Städten Aufzeichnungen, die das tägliche Leben widerspiegelten. Vorher war dies die Aufgabe von Chronisten gewesen, zumeist Mönchen, die in Klöstern zuhause waren und vor allem das Leben und Sterben sowie die Kriege von Königen und Kaisern festhielten. In diesen Chroniken tauchen Bräuche allenfalls am Rand auf, sie waren der Erwähnung nicht wert.
Deshalb kann man nicht wissen, wie alt die Bräuche sind, die heute überliefert sind.

Ähnlich wie Märchen oder Sagen erzählen Bräuche etwas über die Menschen und ihre Zeit. Laut Wikipedia ist ein Brauch (von althochdeutsch *bruh* „Gewohnheit“) eine regelmäßig wiederkehrende Handlung von Menschen, die innerhalb einer Gemeinschaft ent-

standen ist und eine ritualisierte Form hat. Bräuche dienen dem inneren Zusammenhalt der Gruppe, sind sinn-, identitäts- und integrationsstiftend.
Damit Bräuche weiter bestehen, ist es wichtig, dass alle Mitglieder einer Gruppe sich ihnen anschließen. Wie wichtig das ist, sieht man an den Geboten und Verboten zu den Raunächten.

Die Verbote der Raunächte

Ein Gutteil der Bräuche zu den Raunächten bestand in Verboten. Das betraf vor allem den Haushalt und den Aufenthalt im Freien:

In dieser Nacht darf man keine Wäsche im Freien hängenlassen. Die Hunde würden sie zerreißen. Auch soll man nicht backen. Alle Bewohner müssen still zu Hause bleiben. Lässt man die Tür offen, so zieht der Wode durch, und seine Hunde verzehren alles, was sich im Hause Genießbares vorfindet.

(Sigrid Früh)

Eine weitere Variante dieses Volksglaubens ist, dass um diese Zeit nichts draußen hängen durfte, weil sich sonst die wilde Jagd in der Wäsche verfangen und Unheil über den Hof bringen konnte. Wer später diese Wäsche trug, würde im Laufe des Jahres sterben.

Ein anderer Brauch verfügte, dass die Räder in dieser Zeit stillstehen sollten. Wenn sich das Jahresrad nicht drehte, dann durfte sich auch kein anderes Rad drehen. Das betraf nicht nur die Wagenräder, sondern alle. So durfte auch nicht gedroschen, gemahlen, geflochten und vor allem nicht gesponnen werden. Alles Vlies auf den Spinnrädern musste vor den Raunächten abgesponnen sein, bei Nichtbeachtung drohten strenge Strafen durch Frau Berchta.

Darum wurden Spinnräder, Karren, Wagen, alles, was ein Rad hatte, weggeschlossen und abgesperrt.

Auf der Nordseeinsel Föhr entstand daraus der Brauch des „Taamsens“: Jugendliche nahmen in der Nacht der Wintersonnenwende alles mit, was Räder hatte, und trugen es auf einem großen Haufen zusammen. Gelegentlich eskalierte das „Taamsen“, und so war es auch immer mal wieder verboten.

Vor allem Frauen und Kindern wurde geraten, nachts das Haus nicht zu verlassen, sonst würde die wilde Jagd sie holen. Dazu gab es viele abschreckende Geschichten (siehe auch Kapitel eins).

Außerdem musste in Haus und Hof alles aufgeräumt sein, damit es vor der umherziehenden wilden Jagd geschützt war. Kein Ackergerät durfte draußen stehen, alles musste an seinen Platz unters Dach verräumt werden.

Die alten Verbote engen auf der einen Seite ein, auf der anderen Seite schaffen sie neue Freiheiten. Auf unserer Raunachtsreise werden wir versuchen, uns einen ganzen Tag oder wenigstens einen halben freizuhalten: Der leere Tag soll unseren Kopf frei machen für das Neue, das kommt. Vielleicht würde uns das leichter fallen, wenn auch unsere heutige Gesellschaft die üblichen Alltagsbeschäftigungen für einen Tag verbieten und uns damit das Nichtstun und Nach-innen-Gehen ausdrücklich erlauben würde?

Die Perchtenläufe: Dämonenjagd im Alpenraum

Die Verbote der Raunacht konnten nur dann als Bräuche funktionieren, wenn alle Teilnehmer an ihnen mitwirkten und ihren Sinn verstanden. Um die Kontinuität zu gewährleisten, gab es so genannte Rügebräuche, die das Einhalten der Verbote sicherten. Diese waren vor allem bei den Perchtenläufen weit verbreitet.

Gleich einem Sturmwind braust der Geisterzug heran, verworrenes Geheul schallt durch die Lüfte, man hört Pferde wiehern, Hunde bellen, Peitschenknall und Jagdrufe. Wehe dem nächtlichen Wanderer, er ist unrettbar verloren, wirft er sich nicht sogleich mit dem Gesicht auf die Erde und lässt den Geisterzug vorbeirasen.

Mit diesen Worten warnte Nikolaus Huber, Bibliotheksdiener in Salzburg, im 19. Jahrhundert vor der „Wilden Gjoad“, der wilden Jagd, die durch Untersberg zieht.
Die wilde Jagd gehört zu den Perchtenläufen, dem wohl bekanntesten Brauch der Raunächte. Sie sind vor allem im östlichen Alpenraum beheimatet.
Gemeinsam ist den Perchtenläufen jeder Art eine laute Geräuschkulisse durch Peitschenknallen und Schießen einerseits, andererseits durch rhythmisches Schellengeläute. In der Volkskunde des 19. Jahrhunderts vermutete man, dass mit dem Lärm Dämonen ver-

trieben werden sollen, heute lässt man die Bedeutung offen. Auch über ihr Alter wissen wir nichts Genaues. Von lärmenden Umzügen mit Masken dämonischer Frauen und heidnischer Göttinnen zu den Neujahrsfesten im ländlichen Südfrankreich berichtet Caesarius von Arles schon 500 n. Chr. Danach verlieren sich die Spuren, die nächsten Erwähnungen stammen aus dem späten 16. Jahrhundert aus Dießen am Ammersee, dort erwähnte der Kämmerer, dass er demjenigen, der die Percht gejagt habe, 8 Kronen gezahlt habe.
Was verraten uns diese Aufzeichnungen?
Offensichtlich handelte es sich dabei um eine Veranstaltung, bei der eine als Percht verkleidete weibliche Figur von männlichen Perchtenläufern gejagt wurde.
Einige Volkskundler vermuten, dass dies die ursprüngliche Form des Perchtenlaufs gewesen sei und die Gestalt der gejagten weiblichen Percht in den späteren Bräuchen verloren gegangen sei bzw. sich verändert habe.

Deutung

Welche Geschichte erzählt uns dieser Brauch? In ihm wird die alte Frau Holle, die Percht verjagt. Die Kraft der Natur ist hier keine nährende mehr, sie ist eine Instanz, die verjagt und kontrolliert werden muss. Dieser Brauch erzählt die Geschichte einer Abtrennung von der Natur. Sie ist das Andere, das beherrscht und verjagt werden muss, so wie auch der Mensch immer mehr versuchte, die Natur zu dominieren.

Damit war es auch nicht mehr notwendig, die göttliche Macht gütig zu stimmen und ihr einen Gabentisch zu bereiten, wie wir es in den Märchen lesen können.

Nein, es ging darum, die alten Götter zu verjagen, die die Natur symbolisierten.

In den uns bekannten späteren Läufen wird die Percht nicht mehr verjagt, stattdessen sind die Schiachperchten (schiach, bairisch für „hässlich, unschön"), Gestalten mit furchterregenden (später auch schönen, dazu kommen wir noch) Masken, entstanden. Sie führen Heischebräuche durch, fordern also Essen und Trinken oder auch Geld, oder Rügebräuche, die wir schon erwähnt haben. D.h. sie kontrollieren die Gebote der Raunächte: Ob die Stube sauber ist, der Hof gekehrt, das Flachs abgesponnen, die Wäsche von der Leine genommen. Aus der Sagengestalt des Märchens, die streng aber gerecht war, sind Furcht einflößende Gestalten geworden, die man nur mit Unterwerfung und Schnaps oder Essen gütig stimmen konnte.

Ein Rügebrauch: Die Schnabelperchten aus Rauris

Wenn es am 5. Januar dunkel wird in Rauris, dann ertönt ein leises „Ga ga ga" durchdringend durch alle Gassen. Unheimliche Gestalten in zerschlissenen Röcken und Strickjacken schleichen sich von Haus zu Haus. Auf dem Rücken trägt einer einen Buckelkorb, zwei Beine ragen heraus. Alle haben sie Besen in der Hand oder eine riesengroße Schere, statt eines Gesichtes sieht man nur einen riesigen weißen Schnabel.

Vor jedem Haus machen sie Halt, gehen hinein und überprüfen, ob sich irgendwo im Haus noch Unrat befindet. Würden sie diesen finden – so geht der Brauch – bestrafen sie den Verantwortlichen, indem sie ihm den Bauch aufschneiden und allen Kehricht hineinstopfen.
Aber man kann sie besänftigen – auch das sagt der Brauch – indem man ihnen Schnabelgeld gibt oder einen Schnaps. Diesen Brauch gibt es nur im Rauriser Tal. Man vermutet, dass der historische Hintergrund der Goldbergbau ist, der in der Keltenzeit begann und im Mittelalter Hochkonjunktur hatte. Die Knappen, die eigens für den Bergbau aus den Dörfern ins Tal kamen, nahmen es nach der anstrengenden Arbeit unter Tage mit der Sauberkeit wohl nicht ganz so genau. Daraus entstand der Brauch der Schnabelperchten, die ihnen ein bisschen auf die Sprünge halfen.

Am Ammersee handelte es sich sogar um eine bezahlte und erlaubte Veranstaltung; das war nicht weit entfernt in Berchtesgaden schon anders. Dort bezeugen die Akten, dass man Perchtenläufer immer wieder bestraft, der Brauch wurde als „abgöttisch“ und „verrucht“ eingeschätzt, als für Christen unschicklich, man begegnete ihm mit abschreckenden Leib- und Schandstrafen.

Ähnlich sahen zum Beispiel auch die Salzburger Erzbischöfe im 17. und 18. Jahrhundert in den Maskierungen Gelegenheiten für revolutionäre Handlungen, Unruhe und Unsittlichkeit, die sie in ihrem Hoheitsgebiet nicht dulden konnten.

Ein weiterer Grund für den zunehmenden Unmut über die Perchtenläufe könnte darin liegen, dass es zu dieser Zeit in Mitteleuropa zur so genannten Kleinen Eiszeit kam, die Temperatur sank im Mittelmaß deutlich. Das führte zu kalten und langen Wintern und kühlen, regenreichen Sommern. Die Gletscher in den Alpen wuchsen beträchtlich und zerstörten Gehöfte und Dörfer.

Die Schicht der verarmten und hungernden Bevölkerung wuchs, und damit auch die Anzahl derjenigen, die Heischebräuche ausübten, sicherten doch gerade sie das Überleben im Winter.

Heischebräuche

Ein Großteil der in den Raunächten verbreiteten Bräuche waren so genannte Heischebräuche. Heischebräuche gab es auch zu anderen Zeiten: z.B. zu St. Martin, zu Halloween oder zur Fastnacht.

Heischen ist ein anderes Wort für Betteln, bei diesen Bräuchen wurden für gewisse Leistungen Geld oder Lebensmittel eingesammelt. Im Gegenzug sagten die Heischenden Sprüche auf, sangen Lieder oder verhießen Segen: „Glück schlag ins Haus, komm nimmermehr heraus.“ Bekamen sie zu wenig, brachten sie ihre Unzufriedenheit auch deutlich zum Ausdruck: „Blitz schlag ins Haus, komm nimmermehr heraus.“, lautete einer der Sprüche für diesen Fall.

Heischebräuche entstanden aus sozialer Ungleichheit heraus. Sie standen nur sozial schwachen Mitgliedern einer Gemeinde

offen (Kinder, Jugendliche, Erwachsenen aus sozial niedrig gestellten Arbeitsgruppen, Tagelöhner, Schweinehirten, Gesinde). Um die Ungleichheit zu kaschieren, verwendeten die Umherziehenden Masken, Verkleidungen und verstellten ihre Stimmen.
Heischebräuche waren nicht immer willkommen und durchaus umstritten, deswegen gab es immer wieder Versuche der jeweiligen Obrigkeit, diese zu verbieten. Das gilt sowohl für die Perchtenläufe als auch für das Sternsingen.

Schönperchten in Gastein

Im 18. Jahrhundert traten vermehrt die so genannten Schönperchten auf, rokkokohafte, farbenfrohe Gestalten, die gefällige Tanzauftritte zeigten, die Schiachperchten traten in den Hintergrund. Ob es an den Verboten lag? Oder an der zunehmenden Aufklärung der Menschen, die zu einem Rückgang des Aberglaubens führte? So genau wissen wir das nicht. Fest steht nur, dass sich die Perchtenläufe immer mehr zu netten Schaubräuchen entwickelten, die fast nichts mehr mit den furchterregenden Ursprüngen zu tun hatten.

Form und Inhalt stimmten immer weniger überein, dadurch erlebten die Menschen den Brauch nicht mehr als sinnerfüllt oder identitätsstiftend. Zugleich veränderte die Industrialisierung den Alltag und auch das Zusammenleben auf dem Dorf. Dies alles führte dazu, dass die Perchtenläufe Anfang des 19. Jahrhunderts immer seltener abgehalten wurden.

Als sie zu verschwinden drohten, besann man sich in der Romantik wieder auf die alten Bräuche und organisierte sie als Aufführungen

für Zuschauer. Berühmt geworden ist in diesem Zusammenhang der Auftritt der Gasteiner Perchten zu Ehren des Kaisers Ferdinand I. 1837. Bereits damals ging es um Brauchtumspflege, der eigentliche Bezug zur historischen Bedeutung war verloren gegangen.
Das zeigt auch der regelrechte Wettbewerb um die Größe der Kappen, auf denen der Kopfschmuck präsentiert wird. Noch heute ist der „große Turm“, die höchste Kappe, 2,5 Meter hoch, und die schwerste Kappe, eine sogenannte Wildkappe, wiegt 52 Kilogramm, die auf dem Kopf getragen werden müssen!
Um die Jahrhundertwende zum 20. Jahrhundert interpretierte der national-romantische Zeitgeist die Perchten und ihre Masken dann als germanisch-heidnisch-naturkultisch. Diese Tendenz wurde in der Zeit des Nationalsozialismus noch verstärkt, als man jede Tradition germanisierte. In dieser Zeit wurden vor allem die Schiachperchten dämonisiert, und neue, besonders furchterregende Masken entstanden, die auch heute noch in den Umzügen getragen werden.
Heutzutage erfreuen sich die Perchtenläufe wieder großer Beliebtheit. Sie gelten als authentisches Brauchtum, dabei entstanden viele von ihnen, wie z.B. der Kirchseeoner Perchtenlauf, erst in der zweiten Hälfte des 20. Jahrhunderts. Dies gilt vor allem für die Masken, die bei diesen Umzügen getragen werden. Seit ein paar Jahren läuft auch wieder eine Frau Percht mit.
Die alte Frau Percht ist also wieder aufgetaucht, der Kreis schließt sich. Das gilt auch für die heutige Untersberger Jagd, die 1949 wiederbelebt wurde, nachdem der Brauch zuvor gegen Ende des 19. Jahrhunderts das letzte Mal durchgeführt wurde – kurz nachdem der Bibliotheksdiener Nikolaus Huber davon berichtet hatte.

Rummelpottlaufen (31.12.)

Doch nicht nur im Alpenraum gab es Traditionen und Bräuche zu den Raunächten. Ein anderer Heischebrauch war zum Beispiel früher das Rummelpottlaufen am „Ollnjahresabend“, dem „Altjahrsabend“, in Friesland – ein Brauch, der durchaus an die Perchtenläufe erinnert.

Auf Föhr zogen am Altjahrsabend in der Dunkelheit Erwachsene, *Kenkner* genannt, möglichst gruselig verkleidet von Haus zu Haus. „Ütj tu kenknin“ heißt dieser Brauch, bei dem es darum ging, sich möglichst furchteinflößend zu verkleiden, um die Geister zu vertreiben. Dazu hatten die Teilnehmer ein wahrhaft schauderhaft klingendes Instrument dabei, den so genannten Rummelpott. Dieser bestand aus einer Schweinsblase, die über einen Tontopf gespannt wurde. Ein Reethalm wurde hineingesteckt, damit konnten dumpfe Töne erzielt werden. Ähnlich wie im Alpenraum wurden die Kenkner mit Hochprozentigem für ihr tapferes Vertreiben der Geister belohnt. Heute gehen auch Kinder Rummelpott laufen, sagen einen Vers auf und bekommen dafür Süßigkeiten.

Rummel, rummel rutje,
geef mi en lötj Futtje (= Krapfen),
gifst mi een, so blief ik stahn,
giffst mi twee, so will ik gahn,
giffst mi dree, so wünsch ik Glück,
dat de Olsch mitn Bessen utn Schosteen flücht.

So wie das Rummelpottlaufen sind viele Bräuche, die ursprünglich von Erwachsenen ausgeführt wurden, verniedlicht worden und werden heute Kindern zugeordnet. Das gilt auch für das Sternsingen, das christliche Ursprünge hat.
Die Heischebräuche sind ein Ausdruck von Fürsorge für die Mitmenschen in einer Zeit, in der es keine Sozialversicherungen gab. Sie stärken das Gefühl der Verbundenheit in der Nachbarschaft, vielleicht auch der Dankbarkeit: Mir geht es gut, ich kann etwas geben.
Ich freue mich, wenn meine Kinder sich überwunden haben, an fremden Türen in der Nachbarschaft zu klingeln, und wenn sie dann mit leuchtenden Augen zurückkommen, weil sie ganz handfest Gutes erfahren haben. Nichts, was ich ihnen theoretisch erzählen könnte, prägt sich ihnen so ein wie diese praktische Erfahrung, dass es sich lohnt, auf andere Menschen zuzugehen.

Fruchtbarkeitsbräuche (31.12., 1.1.)

Fruchtbarkeitsbräuche waren vor allem, aber nicht nur, an Silvester weit verbreitet. Diese Bräuche sollten dafür sorgen, dass das neue Jahr ein segensreiches würde.
Eines von vielen Beispielen dafür ist aus der Altmark überliefert. Dabei wurden die Obstbäume im Garten einzeln angefasst, an ihnen geklopft oder geschüttelt und dabei folgender Spruch aufgesagt:

Bömeken wåk up,
Neujahr ist kåm,
Saßt gaut Appel in Bäärn dragen.

Weit verbreitet war auch das Neujahrsschießen, dabei wurde über die Obstbäume hinweggeschossen, das sollte ihre Fruchtbarkeit steigern.
Ein anderer Neujahrsbrauch in Mecklenburg-Vorpommern verlangte, in die Brunnen hineinzuschießen, ebenfalls um die Fruchtbarkeit zu steigern.
Auch das Böllern und Knallen an Silvester geht auf einen alten Lärmbrauch zurück, mit dem die Fruchtbarkeit befördert werden sollte. Dabei hatte dieser Brauch im 19. Jahrhundert bei weitem nicht das Ausmaß der heutigen Silvesterknallerei.
Darüber, dass der Lärm zu Silvester uns bis heute erhalten geblieben ist, kann man verschiedener Meinung sein – als Hundefreundin stehe ich dem zurückhaltend gegenüber, doch es gibt erfreulicherweise noch einen anderen Brauch, der nicht ganz so zwiespältige Gefühle hervorruft, die Rede ist vom Räuchern.

Räuchern (21.12., 25.12., 31.12., 6.1.)

Das Räuchern ist vermutlich sogar im Namen mit den Raunächten verbunden. Das zeigt, wie wichtig es den Menschen war.
Geräuchert wurde dabei mit Kräutern, die die Menschen vor ihrer Haustür oder in ihrem Kräutergarten fanden.
Diese wurden natürlich nicht erst in den Raunächten gesammelt, sondern bereits im August, zu den so genannten Frauendreißigern, das war die Zeit zwischen Mariä Himmelfahrt am 15. August und Mariä Schmerzen am 15. September. Um Mariä Himmelfahrt wurden die Kräutersträuße in der Kirche gesegnet bzw. geweiht. Die Weihebuschen bestehen aus sieben, neun, dreiunddreißig oder dreiundsiebzig Kräutern, dazu gehören unter anderem Breitwegerich, Baldrian, Johanniskraut, Eisenkraut, Kamille, Schafgarbe, Salbei, Alant, Wacholder, Königskerze, Wermut oder Beifuß.
Mit diesen band man Kräuterbuschen, die dann bis in die Raunächte trockneten. In den Raunächten, vor allem zur Wintersonnenwende (oder am 25. Dezember, je nach Zählung), zu Silvester und zum Dreikönigstag, der vielerorts auch Berchten- oder Befananacht hieß, wurden dann Haus und Hof damit geräuchert, um sie vor den bösen Geistern zu schützen und ein gutes neues Jahr heraufzubeschwören.
Alternativ wurde auch mit heimischen Harzen von Lärchen, Kiefern und Fichten geräuchert. Diese ließ man auf einem Stück Holzkohle aus dem Ofen verglühen, das auf einer Pfanne durch Haus, Hof und Stall getragen wurde. Die Harze wurden auch als Waldweihrauch bezeichnet.

Der Brauch, mit Weihrauch oder Myrrhe zu räuchern, kam über das römische Reich nach Mitteleuropa.

Weihrauch galt als überaus kostbar und stand in Mitteleuropa vor allem der reichen Oberschicht und dem Klerus zur Verfügung.

Wie die Menschen vor uns werden wir den alten Brauch des Räucherns wieder aufgreifen, um einen besonderen Bereich – einen Moment, einen Zeitabschnitt, einen Raum – vom Alltag abzusondern.

Orakeln (31.12.)

Der nächste Brauch erfreute sich vor allem bei den Mägden und Gesellen großer Beliebtheit. Die Rede ist vom Orakeln, einem Brauch, der bis heute vor allem am *Ollnjahresabend* durchgeführt wird, wie Silvester früher genannt wurde. Zu den überlieferten Orakeln gehört zum Beispiel das Pantoffelwerfen unter Mägden, das ihnen anzeigte, ob sie im neuen Jahr den Dienstherrn wechseln sollten (zeigte die Pantoffelspitze zur Tür, so war es an der Zeit, das Haus zu Mariä Lichtmess, also am 2. Februar, zu verlassen).
Viele Orakelbräuche drehten sich um Fruchtbarkeit und Hochzeit. So konnte man am Ollnjahresabend den zukünftigen Liebsten im Spiegel erblicken oder ihn erahnen, wenn man sich nackt vor den Kamin stellte und kopfüber zwischen den Beinen hindurchschaute. Oder auch darum, wie das Wetter im neuen Jahr werden soll – dabei standen die zwölf Tage für die einzelnen Monate. So wie das Wetter an dem betreffenden Tag war, so sollte es auch in den jeweiligen Monaten sein.
Damals war das für die Menschen entscheidend und überaus wichtig. Eine schlechte Ernte bedeutete Hunger und Tod im Winter.
Davon sind wir heutzutage weit entfernt. Die meisten von uns definieren gutes Wetter auch als Sonnenschein und nicht als Regen. Denn wir sind größtenteils keine Bauern mehr; unser Wohl und Wehe ist scheinbar nicht mehr von einer guten Ernte abhängig.
Trotzdem machen wir uns Gedanken über die Zukunft – vielleicht mehr als je zuvor, weil wir es gewohnt sind, mithilfe der Technik alles kontrollieren zu können. Beim Bleigießen zum neuen Jahr nehmen wir einen alten Orakelbrauch eher spielerisch auf. Orakel können aber auch eine Möglichkeit sein, uns mit unseren eigenen Ängs-

ten und Hoffnungen zu beschäftigen, sie ans Licht zu holen oder in ein Bild zu fassen. Eine traditionelle Möglichkeit dazu sind Tarotkarten. Seit dem späten Mittelalter gibt es diese Bildkarten, die einfache Prinzipien in Bilder kleiden: Der Narr, die Herrscherin, die Liebenden, das Rad des Lebens, die Gerechtigkeit ... Weil diese Bilder für viele Deutungen offen sind, regen sie dazu an, Dinge aus dem eigenen Leben in einem neuen Zusammenhang zu betrachten. Wir werden sie auf unserer Raunachtsreise wiedertreffen.

Bräuche heute

So wie die Beziehung zur Landwirtschaft hat sich auch das Verhältnis zu den Bräuchen geändert. Viele von uns kennen sie nicht mehr aus erster Hand, Bräuche werden zwar heute noch inszeniert, haben aber ihre identitätsstiftende Funktion für die Gemeinschaft verloren. Der Grund dafür dürfte sein, dass die Menschen seit der Aufklärung den Glauben an höhere Mächte und ihre Kraft verloren haben. Und so sind diese aus dem Alltag der Menschen verschwunden.
Heute ist der Glaube dahin:

Nu is dor keen Seggen mihr von. De Waul – dat is woll ganz vörbi. – In den französischen Krieg – 1813 oder noch früher – sall de Waul oewer de Ostsee treckt sein – von de Tiet an is se nich wedderkamen.

Das berichtete einer seiner Gewährsleute dem ersten Volkskundler Mecklenburg-Vorpommerns, Richard Wossidlo, Ende des 19. Jahrhunderts.
Ohne Frau Waul, Holle, Gode, Berchta scheint die unmittelbare Notwendigkeit, die Raunächte zu feiern, verloren gegangen. Manche Menschen weigern sich zwar noch, die Wäsche in den Raunächten zu waschen, böllern an Silvester wie verrückt und erfreuen sich dann am Bleigießen, doch ist damit nicht der Geist der Raunächte verloren gegangen? Macht es noch Sinn, diese zu begehen, wenn sogar die so archaisch anmutenden Perchtenläufe zum großen Teil auf modernen Rekonstruktionen beruhen?

Diese Frage könnte man sich stellen. Doch sie geht am Eigentlichen vorbei, übersieht die Botschaft, die die ersten Märchen von Frau Holle in sich tragen. Sie erzählen nämlich davon, wie wir am und mit dem Leben wachsen können und auch in schwierigen Situationen Halt finden, wie wir Altes gehen lassen können und neues in unserem Leben begrüßen können. Darum ging und geht es in den Raunächten, das ist die Botschaft, die wir in unser heutiges Leben übertragen können.
Wie, das möchte ich dir im Folgenden zeigen. Ich greife dabei auf das zurück, was die Raunächte eigentlich sind: ein Ritual.
Und für ein Ritual gilt:

Selbst, wenn niemand mehr weiß, was ein altes Ritual einmal bedeutet hat, solange es immer noch vollzogen wird, hat es einen sozialen Sinn und kann mit neuen Bedeutungen aufgeladen werden.

So formuliert es die bedeutende Historikerin Barbara Stollberg-Rilinger.
Und genau das geschieht zurzeit an vielen Orten. Alte Rituale, deren Bedeutung uns nur bruchstückhaft überliefert ist, werden mit neuen Inhalten aufgeladen, die aus den Problemen unserer Zeit hervorgehen.
So wird auch das alte Ritual der Raunächte mit neuen Bedeutungen aufgeladen. Zahlreiche Bücher bezeugen dies. Darin wird meistens jeder Raunacht ein Motto zugeordnet. Diesen Ansatz möchte ich in dem vorliegenden Buch vertiefen und weiterentwickeln. Denn um die Raunächte wirklich als Ritual wiederzubeleben, braucht es ein Grundwissen darüber, was Rituale sind und wie sie aufgebaut sind. Erst dann kann ein Ritual wieder sinnvoll durchgeführt werden. Wie das geht, erfährst du im dritten Teil.

DRITTER TEIL

In Verbindung mit der Natur

Ein neuer Weg durch die Raunächte

Einleitung

Erinnerst du dich an den Anfang des Buches, an die Szene im Wald? Damals war es mir nicht gelungen, in Verbindung zu gehen mit der Natur um mich herum, ich wusste noch nichts über die inneren Strukturen und Kräfte eines Rituals.

Das aber ist wichtig, wenn es darum geht, einer alten Form neues Leben einzuhauchen. Obwohl wir nach wie vor von Ritualen umgeben sind, kennen sich immer weniger Menschen damit aus, haben die meisten vergessen, wie das eigentlich geht, ein Ritual zu feiern. Das ist keine Überraschung. Rituale galten lange Zeit als überholt und veraltet, als dubiose Praktiken aus der Vergangenheit. Nichts, womit sich der aufgeklärte Mensch von heute noch beschäftigt, geschweige denn was er zelebriert.

Das erfahre ich immer wieder, wenn ich erzähle, dass ich Rituale gestalte und leite. Oft sind die Menschen verunsichert und haben nur eine unklare Vorstellung davon, was das bedeutet. Viele denken an heidnische oder gar satanische Riten, haben Bilder von seltsamen Gestalten in wallenden Gewändern im Kopf, die an Quellen und in Hainen fragwürdige Dinge tun.

Wallende Gewänder trage ich tatsächlich gerne (und frage mich immer, warum das nicht mehr Menschen machen. Diese Art von Kleidung ist so viel bequemer und angenehmer zu tragen als die moderne Uniform aus Jeans und Sweatshirts). Haine und Quellen liebe ich auch sehr. Doch die Rituale, die ich durchführe, sind nicht an ein Glaubensbekenntnis gebunden, sie verehren keine unsichtbare Gottheit. Ganz im Gegenteil, sie sind dazu da, mich an den großen Kreislauf der Natur anzubinden, an das zyklische Werden und Vergehen allen Seins. Damit können wir uns alle verbinden, denn wir alle sind Teil dieses Zyklus, sind alle Teil der Natur, eingewoben in das große Netz des Lebens. Daran knüpfen die Rituale wieder an.

Denn Rituale sind der Kit, der unser Leben zusammenhält. Früher stellten die Kirchen Rituale für Geburt, Initiation, Hochzeit und Tod zur Verfügung – Taufe, Kommunion oder Konfirmation, Trauung und Beerdigung – doch mit der zunehmenden Anzahl von Kirchenaustritten (2023 haben über eine halbe Million Menschen die evangelische Kirche verlassen, so viele wie noch nie) ist ein Vakuum entstanden.

Dabei ist die Sehnsucht nach Ritualen groß. Das zeigt nicht nur die Tatsache, dass eine große Kosmetikfirma sich so nennt und damit wirbt, besondere Momente zu verkaufen.

So soll mit den Produkten der Linie namens *Ritual of Sakura* jeder Tag wie ein Neubeginn gefeiert werden. Die Botschaft, jeden Tag wie einen Neubeginn zu feiern, ist sicherlich nicht falsch, doch braucht es dafür eventuell ein bisschen mehr als einen Badezusatz oder eine Duftkerze.

Rituale sind mehr als Namen oder Versprechungen, sie sind Ereignisse außerhalb unseres Alltags, die uns verändern können.

Rituale behaupten nicht nur etwas, sie tun auch etwas.

Sie gliedern die Zeit und ziehen eine Grenze zwischen vorher und nachher. So trennt das Ritual der Raunächte das alte Jahr vom neuen, markiert einen Übergang. Die Raunächte waren schon immer ein Übergangsritual. Doch was bedeutet das?

Die Raunächte als Übergangsritual

Übergangsrituale kennen wir zum Beispiel aus den indigenen Kulturen der Welt, wenn etwa Jugendliche in die Gemeinschaft der Erwachsenen aufgenommen werden. Aber auch die Konfirmation ist ein Übergangsritual: Aus dem unmündigen Kind wird ein Jugendlicher, der eine eigene Stimme in der Kirchengemeinde hat. Der Ethnologe Arnold van Gennep hat Übergangsrituale Anfang des letzten Jahrhunderts ausführlich untersucht und sie in drei Phasen eingeteilt. Im ersten Teil geht es darum, sich aus einer alten Umgebung, einem alten Zustand zu lösen. Dem folgt eine Schwellen- und Umwandlungsphase, in der sich der Übergehende, der „Initiand", in einem ambivalenten Schwebezustand befindet. Abgeschlossen wird das Ritual durch die dritte Phase, in der es um Wiedereingliederung und Integration des Erfahrenen geht.

Von solchen Übergangsritualen erzählen übrigens auch viele unserer Märchen, wie zum Beispiel das von Frau Holle, der Goldmarie und der Pechmarie. Aber auch das Märchen „Das ausgeblasene Licht", das du im ersten Teil gelesen hast, handelt von einem Übergangsritual. Am Beginn steht der Abschied des Mädchens von ihrem alten Leben, ihre plötzliche Blindheit verwehrt ihr die bisherige Teilhabe an der Gemeinschaft. Während der Blindheit, in der Schwellenzeit, lernt sie langsam, die Dinge nicht nur nach ihrem Schein, sondern auch nach ihrem Sein zu erfassen. Am Ende der Schwellenzeit ist sie bereit, sich in den Dienst der Gemeinschaft zu stellen. Dafür wird sie belohnt und kehrt in die Gemeinschaft der Sehenden zurück.

Auch bei den Raunächten steht am Beginn ein Abschied, das vergangene Jahr darf nochmal vorüberziehen und wird schließlich verabschiedet.

Darauf folgt die Umwandlungs- oder Transformationsphase, in der erst einmal das Nichts regiert. Diese Phase ist für die meisten Menschen ungewohnt. Dabei steckt darin eine große Chance, denn sie ist eine Quelle der Kreativität. Aus dem Nichts wächst die Vision für das neue Jahr, die dann im dritten Teil integriert und vervollständigt wird.

Ein Übergangsritual ist ein tiefgehendes Ritual, das bestenfalls von einer Ritualleiterin bzw. einem -leiter (bzw. einem ganzen Team) geleitet wird. Das kann dieses Buch nicht bieten, es kann dich aber dabei begleiten, dieses Ritual alleine durchzuführen. Dafür stelle ich dir ein paar Werkzeuge und Methoden vor, die dir dabei helfen werden.

Dein Werkzeugkoffer

Im Ritual geht es vor allem um Resonanz. Resonanz mit der Natur und Resonanz mit dir selbst. Resonanz bedeutet hier, sich hineinzufühlen und dabei zu spüren, was die Welt um mich herum, aber auch etwa mein Körper oder meine Träume mir sagen wollen. Darin haben viele Menschen keine Übung mehr, darum hier ein paar Werkzeuge, dir dieses Raums wieder bewusst zu werden. Sie dienen vor allem dazu, deinen Wahrnehmungshorizont zu erweitern, damit du Dinge über dich erfährst, die dir vorher nicht bewusst waren.
Einer der Grundpfeiler ist dabei die Anbindung an die Natur. Darum ging es ursprünglich auch, so steht es in den frühen Märchen. Sie erzählen von der Verbundenheit mit der Natur und vom Respekt vor ihren Gesetzen.
Und genau darum geht es mir hier auch.

Körper und Naturverbindung

Das allerwichtigste Werkzeug bist du selbst mit deiner Wahrnehmung. Dein Körper ist das Instrument, mit dem du die Welt erlebst. Deine Augen sehen die Welt, deine Ohren hören sie, deine Nase riecht sie, deine Zunge schmeckt sie. Das sind die Wege, auf denen du die Welt erfährst.

Nichts daran wird dir ungewöhnlich vorkommen, und dennoch handeln viele Menschen so, als hätten sie gar keinen Körper, als würden sie nur aus Gedanken und Grübeleien bestehen. Dabei hat der Körper seine eigene Weisheit und weiß manchmal mehr als der Geist mit all seinen klugen Gedanken. Darum wirst du in diesem Buch immer wieder Übungen finden, die dich einladen, in den Körper zu kommen und seinen Botschaften zu lauschen.

Wenn ich gut verbunden mit meinem Körper bin, dann verstehe ich nämlich nicht nur mehr über mich selbst, sondern auch über die Welt, die mich umgibt. Denn auch unser Körper nimmt die Welt wahr, weil er damit verbunden ist. Vielleicht kennst du das Sprichwort „Wie man in den Wald ruft, so schallt es auch heraus". Das ist natürlich im übertragenen Sinne gemeint, hat aber tatsächlich handfeste Grundlagen:

So wie du in den Wald gehst, so kommt der Wald zu dir. Das erste Mal, dass mir das klar wurde, war während meiner Wildnispädagogik-Ausbildung. Damals erhielten wir den Auftrag, morgens auf den Sitzplatz zu gehen (was ein Sitzplatz ist, erfährst du gleich). Ich war an diesem Morgen sehr müde und wollte dennoch unbedingt meinen Sitzplatz erreichen. Eiligen Schrittes bewegte ich mich durch den Wald und bemerkte dann, dass die ganze Zeit ein Eichelhäher vor mir her flog und meine Anwesenheit verkündete. Spätestens da hätte mir klar werden sollen, dass ich an diesem Tag keine Rehe und Wildschweine mehr sehen würde, der ganze Wald wusste über meine Anwesenheit Bescheid. Denn den Ruf des Eichelhähers hörte ja nicht nur ich, auch alle anderen Lebewesen im Wald konnten ihn hören. Und sie erkannten die Botschaft dahinter: „Achtung, Wesen auf zwei Beinen

kommt“. Sie nahmen lieber Reißaus. Und so begegnete ich an diesem Morgen dann auch keinen weiteren Tieren mehr. Ich war eilig und gedankenlos unterwegs gewesen, der Wald und seine Lebewesen duckten sich lieber weg, als mit diesem aufgeregten, lauten Wesen in Kontakt zu kommen.
Wäre ich leise und langsam gegangen, so hätte ich entdeckt, welche anderen Lebewesen außer dem Eichelhäher noch in dem Wald lebten, und ich hätte eine Verbindung zu ihnen aufbauen können.
Wenn man sich ihm nicht so schnell und zielstrebig nähert wie ich an diesem Morgen, dann ist der Sitzplatz eine gute Art und Weise, den eigenen Kopf und den Waldpolizisten – wie der Eichelhäher auch genannt wird – zu überlisten und wahrhaftig in Verbindung zu kommen.

Sitzplatz

Der Sitzplatz ist ein Ort in einer möglichst natürlichen Umgebung, der relativ nah an deinem Zuhause liegt, sodass du regelmäßig ohne großen Aufwand dorthin gehen kannst.
Dazu musst du übrigens nicht auf dem Land leben oder in einer besonders schönen Umgebung. Auch und gerade in der Großstadt kann man tolle Sitzplätze finden. Das kann eine Bank in einem Park, euer Hinterhof oder auch euer Vorgarten sein, Hauptsache, es ist ein Ort, an dem du dich wohlfühlst. Wenn dir keine schöne Ecke einfällt, schau mal auf die Karte (auch Google Maps oder Google Earth können da sehr hilfreich sein). Oft gibt es kleine grüne Ecken oder Brachflächen, die man vorher gar nicht wahrgenommen hat.
Auf diesen Sitzplatz gehst du, so oft es geht, so langsam es geht, und machst dort: NICHTS. Du atmest ein und aus. Es geht darum, anzukommen und dich und die Natur um dich herum wahrzunehmen. Alle Gedanken an Steuern, Kinder, Stress im Büro dürfen dann verschwinden, du bist einfach nur ganz da, präsent im Hier und Jetzt. Ich weiß, das ist nicht so einfach, wie es klingt. Wenn du merkst, dass es dir schwerfällt, kannst du eine Sinnesmeditation machen.

SINNESMEDITATION

Schließe du die Augen und lausche zuerst nach dem leisesten, dann nach dem lautesten Geräusch in deiner Umgebung.
Was hörst du?
Fahre mit deinen Fingern über den Untergrund. Was ertasten sie?
Wie fühlt sich deine Haut an? Bläst ein leichter Wind?
Schnüffele in den Wind. Was nimmt deine Nase wahr?
Kannst du etwas riechen?
Zuletzt öffne deine Augen, fokussiere nicht, sondern versuche links und rechts so weit wie möglich zu blicken (das ist der so genannte Eulenblick). Was befindet sich am Rande deines Sichtfelds?

Mithilfe dieser Sinnesmeditation kommst du in deinem Körper an, erfährst die Verbindung zur Natur auf eine ganz andere Art und Weise als bei einem normalen Spaziergang. Wenn du das immer wieder machst und deinen Sitzplatz regelmäßig besuchst, werden sich dir nach und nach die Wege der Lebewesen um dich herum erschließen.

So ist es mir auch ergangen, als ich die nächsten Male mit mehr Ruhe auf meinen Sitzplatz schlich. Diesmal scheuchte ich den Eichelhäher nicht auf, erklang kein Warnruf durch den Wald. Stattdessen flog der Buntspecht an mir vorbei und fütterte seine Jungen in der abgebrochenen Birke zehn Meter vor mir. Ein anderes Mal entdeckte ich den Wechsel der Rehe und sah tatsächlich eine kleine Gruppe in der Dämmerung dort äsen.
Je häufiger ich auf meinem Sitzplatz war, desto weniger störte meine Anwesenheit die Tiere, desto mehr gehörte ich zu der so genannten „Baseline“ des Walds, war Teil der Natur vor Ort.
Das sind meine Erfahrungen mit dem Sitzplatz und der Grund, warum ich ihn dir ans Herz lege.

Für deine Gänge auf den Sitzplatz brauchst du nichts mitzunehmen, kein Fernglas, kein Notizheft, nur dich selbst (und eventuell eine Sitzunterlage). Falls du einen Hund hast, solltest du ihn lieber zuhause lassen, er lenkt dich ab und zieht die Aufmerksamkeit der anderen Lebewesen im Wald auf sich.
Für den Aufenthalt an deinem Sitzplatz braucht es übrigens kein besonders schönes Wetter, du kannst auch bei Regen oder Kälte dorthin gehen. Wenn du dich richtig warm anziehst, mit einer Schicht mehr als du vielleicht für einen normalen Spaziergang verwenden würdest, kannst du dich auch bei Kälte auf deinem Sitzplatz wohlfühlen.
Der Sitzplatz wird dein Anker in der Natur für die Raunächte sein, und er bleibt dir auch nach Abschluss der Raunächte erhalten. Du kannst immer wieder an diesen Platz gehen und deine Verbindung zur Natur stärken.

Naturgang

Eine andere, etwas aktivere Art und Weise, mit der Natur in Verbindung zu gehen, ist der Naturgang, auch bekannt als Schwellengang oder Medizingang.
Der Name ist etwas irreführend, denn bei einem Naturgang musst du nicht die ganze Zeit gehen, es ist auch kein Spaziergang oder eine Wanderung. Du kannst auch stehen bleiben oder dich hinsetzen. Der Unterschied zum Sitzplatz, an dem du außer Atmen und Dasein nichts tust, liegt darin, dass du für den Naturgang einen Impuls bekommst – ein Thema, das dich begleitet – und dass du dir am Anfang eine Schwelle baust, über die du am Ende auch wieder zurückkehrst.
Einen Naturgang unternimmst du alleine, dein Handy sollte im Flugmodus sein, die Kopfhörer sollten zuhause bleiben.
Du bist mit all deinen Sinnen präsent, das ist wichtig. Denn dann kannst du die Resonanz wahrnehmen, die entsteht, wenn du mit deinem Impuls, deinem Thema in die Natur gehst. Es werden dir Dinge begegnen, die sich auf dein Thema beziehen, Antworten auf deine Fragen anbieten. Davon berichten die alten Märchen und Geschichten.
Dabei geht es nicht um richtig oder falsch, sondern um Erfahrung und Wahrnehmung. Und diese ist immer stimmig.
Es geht auch nicht darum, dass du dir draußen besonders viele kluge Gedanken machst, sondern darum, dass du etwas erfährst. Wie das geht, erfährst du gleich.

Wo?

Doch zunächst soll es um den Ort gehen, an dem dein Naturgang stattfindet. Dafür musst du nicht auf dem Land wohnen, ein Naturgang kann auch in der Stadt geschehen. Es braucht lediglich eine Brachfläche oder einen Park.
Wenn es dir möglich ist, ist es einfacher, dort unterwegs zu sein, wo du nur wenigen Menschen begegnest. Solltest du Menschen begegnen, die du kennst, begrüße sie nur kurz, jetzt ist nicht die Zeit für ein längeres Gespräch. Du musst aber nicht extra in ein besonders

abgelegenes Stück Natur fahren. Das Fleckchen Natur, das du dir aussuchst, muss noch nicht mal besonders groß sein, es geht nicht darum, lange Strecken zurückzulegen.
Insgesamt solltest du immer einen Ort wählen, an dem du dich wohlfühlst und keine Angst hast, unterwegs zu sein. Und einen Ort, wo es erlaubt ist, abseits der Wege unterwegs zu sein (also keine Naturschutzgebiete).

Wie geht ein Naturgang?

Als erstes bau dir eine Schwelle. Dafür kannst du alle Materialien benutzen, die um dich herum liegen: Blätter, Zweige, Pflanzen – alles darf verarbeitet werden. Die Schwelle kann so groß oder klein sein, wie du möchtest, dafür gibt es keine Vorgaben. Ich bin immer sehr minimalistisch und wähle meist einen kleinen Zweig und schmücke ihn mit ein paar Blättern; es gibt aber auch Menschen, die daraus echte Kunstwerke machen. Beides ist richtig, wichtig ist nur, dass du die Schwelle tatsächlich selber baust und nicht z.B. einen bereits am Boden liegenden Ast benutzt.
Dann halte inne, ruf dir noch einmal den Impuls, mit dem du über die Schwelle gehst, in Erinnerung und lass ihn dann los.
Nimm einen tiefen Atemzug, der dich im Hier und Jetzt verankert, und tritt über die Schwelle.
Am Ende deines Naturgangs kommst du wieder zu dieser Schwelle zurück, hältst kurz inne, spürst, wie dich dieser Gang verändert hat, und kehrst wieder zurück.
Dann löst du alles hinter dir auf, was du als Schwelle gebaut hast (so wie du überhaupt alles, was du auf deinem Naturgang baust oder auslegst, vor deiner Rückkehr wieder in seinen ursprünglichen Zustand versetzt).

Auf dem Naturgang

Für jeden Naturgang bekommst du einen Impuls, der dich inspirieren darf. Das heißt nicht, dass du die ganze Zeit daran denkst und dein Verhalten damit abgleichst. Der Impuls ist keine Aufgabe, die es zu erledigen gilt.
Stattdessen lässt du dich von dem, was du siehst und erlebst, leiten. Solltest du dabei ins Nachdenken kommen, benutze wieder deine

Sinne: Was riechst du? Was kannst du ertasten? Welche Gefühle kommen dabei in dir hoch?
Folge einfach dem, was sich dir im Außen und im Innen zeigt. Dabei kann es hilfreich sein, wenn du dich langsamer als gewohnt bewegst, es geht nicht darum, möglichst viel Strecke zurückzulegen. Es ist auch besser, wenn du dir vorher nicht schon ein Ziel ausdenkst, sondern dich wirklich einfach treiben lässt.
Damit du während des Naturgangs nicht auf die Uhr schauen musst, stellst du dir vorher den Wecker deines Handys. Das Handy an sich sollte aber im Flugmodus sein, damit du nicht durch Anrufe oder Nachrichten abgelenkt wirst.

Manchmal melden sich alte Themen und Muster, wenn wir zur Ruhe kommen, auch das kann passieren. Wichtig ist, dass du das nicht wegschiebst und dich nicht klein machst. Wenn du merkst, dass deine innere Stimme dich beschimpft, „schon wieder hast du es nicht geschafft, das ist ja typisch, nie ziehst du etwas durch", dann kannst du dich fragen, woher diese Stimme kommt und welche Situationen dahinterstecken. Sei aber bitte vorsichtig und sanft mir dir. Manche Themen können wir nicht alleine bewältigen und bearbeiten. Frage dich immer: Was ist der nächste Schritt, der mir jetzt guttut? Welchen Schritt kann ich jetzt gehen?
Das ist auch der Vorteil von Naturgängen: Die Natur spiegelt uns immer nur das, was wir auch verarbeiten können, es kann nicht zu einer Überwältigung oder Überforderung kommen. Darum kann man diese Gänge auch so gut alleine durchführen.

Wenn du merkst, dass du großen Widerstand gegen den Impuls hast, dann nimm das wahr. Fühle deinen Widerstand und nimm auch diesen komplett an, dann ist das das Thema, um das es geht. Alles, was passiert, ist richtig, es gibt keinen „falschen" Naturgang.

Naturgang und Sitzplatz sind die beiden naturverbundenen Werkzeuge, die ich dir ans Herz legen möchte. Um die Erkenntnisse, die du auf diesen Gängen oder auf dem Sitzplatz erfährst, festzuhalten und zu vertiefen, möchte ich dir das *Free Writing* empfehlen.

Free Writing

Free Writing wird übersetzt mit Freies Schreiben. Es ist eine ganz einfache Technik, die von James W. Pennebaker, einem Professor für Psychologie der University of Texas, angewendet und intensiv erforscht worden ist.

Beim Free Writing geht es *nicht* darum, einen schönen Text zu verfassen, es geht auch *nicht* darum, ob man ein Talent fürs Schreiben hat oder nicht. Das Free Writing ist für alle geeignet.

Woraus besteht Free Writing? Beim Free Writing schreibst du ohne Unterbrechung, ohne Nachzudenken für 10 bis 20 Minuten. Dafür stellst du dir einen Timer, den du zwischendurch nicht anschaust. Beim Schreiben geht es nicht um Stil, Rechtschreibung oder Wortwahl. Das Wichtige ist, wirklich ununterbrochen zu schreiben. Wenn dir nichts mehr einfällt, schreibst du genau das, „mir fällt nichts mehr ein", Hauptsache, du bleibst im Schreibfluss. Denn dadurch können tiefere Schichten des Bewusstseins an die Oberfläche kommen, die im normalen Alltag verdrängt werden. Und es entstehen Assoziationen und Erkenntnisse, die dir den Weg in die Zukunft weisen können.

Um diese zu ernten, braucht es einen zweiten Schritt: das Verdichten. Dabei liest du dir nach dem Schreiben den Text durch und unterstreichst dabei ca. fünf bis sieben Worte, die dir spontan auffallen (denke dabei nicht darüber nach, was die genaue Bedeutung ist und ob diese Worte zusammenpassen). Danach schreibst du diese Worte untereinander auf ein freies Blatt und schaust, welche Essenz darin enthalten ist. Versuche, ein bis drei Sätze daraus zu bilden. Manchmal, wenn sich der Sinn nicht sofort einstellen will, ist es hilfreich, wenn du dir nochmal die einzelnen Worte vorsagst und hineinspürst, welche dir wirklich wichtig sind. Dann weißt du, was der Kern deiner Botschaft ist.

Wenn du diese Technik einmal geführt erleben willst – ich biete immer wieder Seminare dazu an.

Auch wenn diese Anleitung vielleicht erst einmal kompliziert klingt, möchte ich dich ermuntern, es einfach mal auszuprobieren, dann erlebst du, wie hilfreich das Free Writing sein kann.

Einen besonderen Rahmen braucht es für das Free Writing nicht. Ich empfehle, es dir schön zu machen, eine Kerze anzuzünden und eventuell zu räuchern.

Das sind die Werkzeuge, die dir helfen werden, den Geist der Raunacht für dich zu entdecken: Sitzplatz und Naturgang für die Verbindung zur Natur und das Free Writing, um die Schätze des Erlebten zu heben. Damit du gut vorbereitest in diese Zeit gehen kannst, im Folgenden noch ein paar Informationen dazu.

Vorbereitungen für die Raunächte

Die Ausstattung: Orakelkarten, Räuchergut, Schreibjournal

Eigentlich brauchst du nicht viel vorzubereiten. Aber die Ausstattung ist eine Möglichkeit, deinem Unterbewusstsein zu signalisieren, dass etwas Besonderes bevorsteht, ihm zu erzählen, dass ein Ritual stattfinden wird. Denn Rituale zeichnen sich dadurch aus, dass sie eine besondere Ausstattung und ästhetische Qualität haben, die sie vom Alltag abhebt.

Damit wird eine besondere Handlungsebene etabliert: Rituale erfolgen nicht spontan, man kann sie nicht zufällig oder unbewusst vollziehen.

Darum prüfe, was für dich passt: Wie kannst du deinem Unterbewusstsein vermitteln, dass etwas Besonderes bevorsteht? Was hilft dir, dich auf die Raunächte zu freuen?

Meistens brauchen wir übrigens sehr viel weniger Dinge, als uns gerne von der Werbung suggeriert wird. Das gilt auch für die Raunächte. Der Vorteil daran ist, dass man auch nicht so viel organisieren muss, dadurch fällt viel Stress im Vorfeld weg.

Als Schreibjournal reicht nämlich auch ein ganz einfaches vom Kiosk, es muss kein besonders edles Exemplar sein.

Räuchern

Ebenso ist es beim Räuchern: Es braucht keine exklusiven Räucherkästchen, die extra für die Raunächte gefertigt werden und in denen für jeden Tag eine andere Mischung enthalten ist. Sie spiegeln vor allem den Reichtum unserer Gesellschaft wider, keine historischen

Traditionen. Denn eine solche Auswahl an Räuchergut stand den Menschen früher nicht zur Verfügung.

Traditionell wurden zu den Raunächten sowohl die Kräuterbuschen aus dem Sommer verwendet, die an Mariä Himmelfahrt gesammelt bzw. geweiht wurden, als auch Weihrauch bzw. andere Harze. Mit letzteren wurden vor allem die Hausräucherungen in der letzten Raunacht durchgeführt. Dabei wurde in einer Pfanne ein Stück Kohle platziert, auf dem dann der Weihrauch oder das Harz verglühte.

Weihrauch war die Wahl der Wohlhabenden, Harze wurden von den ärmeren Menschen verwendetet, da man diese selber sammeln konnte.

Wenn du magst, kannst auch du Kiefern- oder Fichtenharz sammeln: Harz tritt an Stellen aus, an denen Bäume verletzt sind. Noch flüssiges Harz sollte man nicht sammeln, dann ist die Wunde noch nicht verheilt. Wenn das Harz bereits hart geworden ist, ist es reif zum Sammeln, dann kannst du es mit den Fingern sanft vom Baum brechen.

Nimm niemals alles Harz, sondern achte darauf, dass die Wunde weiter verschlossen bleibt.
Harze verräuchert man am besten auf Räucherkohle oder auf einem Räuchergefäß mit Sieb. Damit das Sieb nicht verklebt, ist es gut, wenn du ein bisschen Sand oder Alufolie darunterlegst.
Ob nun Harze, Weihrauch, Kräuterbuschen oder eine Mischung aus dem Fachhandel – alles ist richtig, wichtig ist nur, dass du dich damit wohlfühlst und es zu dir passt.

EIN WORT ZU PALO SANTO UND ZU WEISSEM SALBEI

In den letzten Jahren erfreuen sich Palo Santo und Weißer Salbei großer Beliebtheit. Beide stammen vom amerikanischen Kontinent (Palo Santo aus Zentral- und Südamerika, Weißer Salbei aus Nordamerika), beide sind für die indigenen Gesellschaften, die seit Jahrhunderten und Jahrtausenden mit ihnen arbeiten, enorm wichtig. Ihre Benutzung durch Menschen mitteleuropäischer Abstammung ist sehr umstritten, da diese den kulturellen Kontext und die Geschichte nicht kennen. Durch die steigende Nachfrage nach Palo Santo und Weißem Salbei wird es für indigene Menschen auch immer schwieriger, diese selbst zu erwerben bzw. zu sammeln.
Für mich ist es aus diesen Gründen nicht stimmig, Palo Santo oder Weißen Salbei zu den Raunächten zu verräuchern – auch weil es bei uns in Mitteleuropa eben keine Traditionen dazu gibt, da beides erst seit einigen Jahrzehnten nach Europa importiert wird.

WAS DU ZUM RÄUCHERN BRAUCHST

Es gibt verschiedene Möglichkeiten zu Räuchern:
Du hast einen Kräuterbuschen aus dem Sommer? Dann hast du alles, was du brauchst. Zum Räuchern zündest du diesen mit einem Feuerzeug an. Achte dabei darauf, dass keine brennenden Pflanzenteile herausfallen. Um den Kräuterbuschen zu löschen, kannst du ihn in die Erde oder eine Schale mit Sand stecken.
Räuchern auf Räucherkohle. Dafür brauchst du Räucherkohle sowie ein feuerfestes Gefäß, das mit Räuchersand gefüllt ist. Die Kohle hältst du am besten mit einer Zange fest und entzündest sie mit einem Streichholz. Achtung, sie wird sehr heiß und riecht im ersten Moment auch unangenehm. Sobald die Kohle durchgeglüht ist, kannst du das Räuchergut darauflegen. Eventuell ist es gut, noch ein wenig Sand auf die Kohle zu streuen, damit das Räuchergut nicht sofort verbrennt.
Räuchern mit einem Räucherstövchen. Sehr beliebt ist auch das Räuchern mit einem Stövchen; dabei wird das Räuchergut auf einem Sieb platziert, das unten von einem Teelicht erwärmt wird. Das ist eine einfache Methode zu räuchern.

Orakelkarten

Orakelkarten wie Tarot kennst und besitzt du vielleicht schon, sonst ist das die Einladung, dich einmal damit zu beschäftigen und dir ein Set zu kaufen. Es gibt zahlreiche Karten zu den Raunächten, ich würde jedoch traditionelle Tarotkarten empfehlen, da sie keine vorgefertigten Antworten enthalten und Raum lassen, sie offen auszulegen. Tarotkarten gibt es bereits für wenig Geld im Buchhandel. Wichtig ist auf jeden Fall, dass du ein Set wählst, das mit einem kleinen Beiheft kommt, das die Bedeutung der Karten erklärt. Sollte bei deinem Tarotset kein Beiheft dabei sein, findest du im Buchhandel und in Büchereien zahlreiche Bücher, die die Bedeutung der Karten erklären.

Es ist hilfreich, wenn du es schaffst, dir einen schönen Platz zu schaffen, einen kleinen Altar, wo du alles bereitlegst: Kerze, Räuchergut, Journal, ggf. Meditationskissen und die Orakelkarten.

Das war es auch schon. Das Wichtigste: Mach dir keinen Stress damit, es gibt kein Richtig und Falsch, und auch unscheinbare Dinge sind gut genug. Es muss nicht aussehen wie auf Instagram, sondern für dich passen.

Zusammenfassung: Was du brauchst

- Journal, Stift
- Kerze
- Feuerzeug oder Streichhölzer
- Räuchermaterial, evtl. mit Räucherkohle und Räuchersieb (je nachdem, was du verräuchern willst)
- Timer/Wecker für die Free-Writing-Übungen und die Naturgänge (es reicht ein Handy im Flugmodus)
- Tarotkarten oder Orakelkarten, mit Beiheft
- Sitzkissen für den Sitzplatz
- Malstifte, Din-A3-Block, Klebstift
- alte Zeitschriften für eine Collage
- Vogelfutter oder Apfelschnitze für den Dank
- Meditationskissen oder ein guter Platz für eine Meditation, das kann auch ein Sofa oder ein Stuhl sein.

Das mag erstmal eine lange Liste sein, doch das meiste wirst du bestimmt schon zuhause haben. Falls du noch keine Räucherschale oder kein Räuchergefäß hast, ist das zwar eine Investition, aber eine, die sich wirklich auszahlt, denn du wirst beides jahrelang benutzen.

Als Mutter von drei Kindern ist meine To-Do-Liste an Weihnachten immer besonders lang, darum sind meine Raunachtsvorbereitungen minimal: Ich kaufe mir ein schönes Journal (das ist mein persönlicher Luxus, ich liebe dickes Papier), und das war's. Als Kerzen nehme ich die, die ich noch da habe, Kräuterbuschen habe ich vom Sommer, Tarotkarten habe ich vor Jahren mal erstanden, Weihrauch kaufe ich meist unterm Jahr in Kirchen oder Wallfahrtsorten.

Zeit
Du siehst, du brauchst nicht viel vorher besorgen. Worum ich dich aber tatsächlich im Vorhinein bitten möchte:
Plan dir Zeit ein für deine Reise durch die Raunächte. Besonders für die zwei Naturgänge und den stillen Tag, aber auch für die anderen

Tage. Da kannst du, so häufig es geht, auf deinen Sitzplatz gehen, das empfehle ich dir sehr. Je öfter du es schaffst, umso tiefer wird deine Verbindung mit der Natur, umso mehr Resonanz entsteht bei deinen Naturgängen.
Für den Naturgang solltest du dir mindestens eine Stunde Zeit nehmen, mehr Zeit macht das Erleben noch tiefer. Diese Zeit blockst du am besten in deinem Kalender. Das ist deine Zeit, und du nimmst sie dir, auch wenn darunter die Sauberkeit des Hauses oder die Vorbereitung des Besuchs von Tante Marta leiden, das ist dann zweitrangig.
Wann du mit den Raunächten beginnst, bleibt dir überlassen. Schau, ob es dir am 21.12. oder am 25.12. besser passt. Für mich ist der 21.12. einfacher umzusetzen, aber das ist ganz individuell.

ZEIT FINDEN FÜR DIE RAUNÄCHTE

Wenn du merkst, dass es dir schwerfällt, genügend Zeit zu finden, oder du schon aus den vergangenen Jahren weißt, dass es dir nicht leichtfällt, habe ich folgende Einladung für dich: Nimm ein Blatt Papier und teile es in zwei Hälften. Auf der einen Hälfte notierst du, was dich davon abhält, dir genügend Zeit für dich in den Raunächten einzuplanen. Auf der anderen Seite schreibst du auf, was du dir davon erhoffst, die Raunächte zu feiern. Was spricht dafür?
Stell dir einen Timer auf zwei Minuten und schreib alles auf, was dir in den Kopf kommt. Danach legst du das Blatt vor dich hin. Wie geht es dir, wenn du auf das Blatt schaust?
Kannst du dir jetzt die Erlaubnis geben, die Raunächte zu feiern? Wenn ja, dann schreibe genau das unten auf das Blatt. „Ich gebe mir die Erlaubnis, mir jeden Tag Zeit zu nehmen, um die Raunächte zu feiern."
Diesen Zettel legst du sichtbar auf den Platz zu deinen Materialien.
Solltest du kein Ja dafür in dir finden, kannst du nochmal hinspüren, welche Gründe dich davon abhalten. Was erzählen sie dir über dich?

Struktur

Ich habe die Nächte in drei Teile geteilt, damit du siehst, was zusammengehört. Im ersten Teil geht es um das vergangene Jahr. Was ist geschehen, was hast du erfahren, erlebt? Was darf sich wandeln, was willst du gehen lassen? Dazu gibt es verschiedene Inspirationen sowie einen Impuls für einen Naturgang. Ein kleines Feuerritual schließt den ersten Teil ab.

Im zweiten Teil geht es dann – und das ist vielleicht erstmal ungewohnt für dich – noch nicht sofort um das neue Jahr. Denn du versuchst erst einmal, dich in die Tiefe sinken zu lassen, das Nichts zu erfahren, aus dem dann das Neue wachsen darf. An diesen Tagen ist es schön, wenn du dir möglichst viel Zeit für dich nehmen kannst.

Nach Neujahr wendest du dich dann dem kommenden Jahr zu und erforschst, was kommen mag.

Doch genug der Vorrede. Bist du bereit? Herzlich Willkommen zu deiner Reise durch die Raunächte.

Das neue Jahr

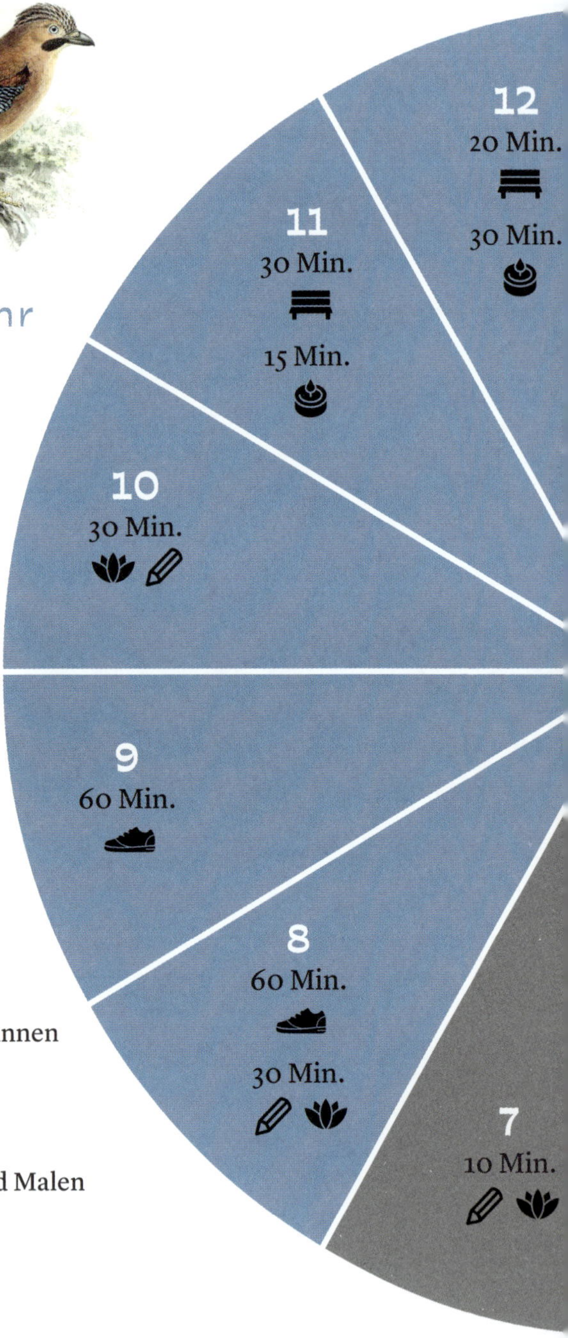

Sitzplatz

Naturgang

Bewegung drinnen

Meditation

Schreiben und Malen

Kerze

Feuer

Der Ruf in der Winternacht

Durch die Dunkelheit

Die Raunachtsreise

Das erste Drittel:
Der Ruf in der Winternacht

1.

21. ODER 25. DEZEMBER

Aufbrechen

Dies ist der erste Tag deiner Raunachtsreise. Du entscheidest, an welchem Tag du startest, das kann der 21. genauso gut wie der 25.12. sein. An dem ausgewählten Tag nimmst du dir Zeit für ein kleines Ritual, um den Beginn zu markieren. Das ist wichtig, denn es erzählt unserem Körper, dass etwas Bedeutendes beginnt.

ZEIT

Meditation:
20–30 Minuten

Sitzplatzsuche:
ca. 15–30 Minuten
am besten tagsüber

MATERIAL

Tücher o.ä. für eine
Schwelle auf dem Boden
evtl. Meditationskissen
Räucherutensilien
Sitzkissen für
den Sitzplatz
Kerze

Du brauchst ein Zimmer für dich alleine oder einen Ort in der Natur, wo du dich gerne aufhältst. Dort legst du aus Tüchern eine Schwelle auf den Boden und stellst deine Räucherutensilien bereit. Falls du eines hast, kannst du ein Meditationskissen verwenden, um dich vor dieser Schwelle auf den Boden zu setzen. Genauso gut kannst du auch einen Stuhl oder das Sofa nehmen.

Zünde die Kerze an, um den Anfang zu markieren.

Setz dich bequem hin, so dass du gut verweilen kannst, schließ die Augen und atme regelmäßig und tief.

Stell dir vor, wie du dir morgen und übermorgen, die ganzen Raunächte hindurch, Zeit für dich nimmst. Versuche es dir möglichst konkret auszumalen. Was braucht es dafür? Wie fühlt sich das in deinem Körper an?

Und stell dir vor, wie du hinausgehst und in die Verbindung mit der Natur eintauchst.

Wie sich diese Verbindung immer weiter vertieft, wie du dich zuhause in der Natur fühlst. Wie dein Leben dadurch einfacher und klarer wird, wie du erkennst, was es braucht und was du gehen lassen kannst. Wie du das alte Jahr abschließt und das neue begrüßt. Wie sich das anfühlen wird, all das wirklich erlebt zu haben, und wie es dir Kraft und eine Vision für das neue Jahr geben wird.

Nimm dir genügend Zeit dafür und male dir das Bild in allen Farben aus, bis du es richtig fühlen und sehen kannst.

Dann lässt du das Bild wieder verblassen und kehrst in deinem Tempo wieder zurück in dein Zimmer.

Im Anschluss entzünde die Räuchermaterialien, atme tief ein und lass sie auf dich wirken. Wenn du magst, kannst du den Rauch an verschiedene Stellen deines Körpers fächern. Spür, was dir guttut, auch hier gibt es kein Richtig oder Falsch. Lass dir Zeit.

Dann stellst du dich vor die Schwelle und sprichst laut aus, wofür und warum du die Raunächte begehen willst.

Mit diesen Worten trittst du über die Schwelle.
Spür in deinen Körper hinein, wie fühlt es sich an?
Dann blase die Kerze aus, geh möglichst im Anschluss hinaus ins Freie und mach dich auf die Suche nach einem Sitzplatz. Dieser sollte tatsächlich unmittelbar in deiner Nähe sein, sonst wirst du zu selten Zeit haben, dorthin zu gehen.
Wenn du magst, kannst du dort schon jetzt Zeit dort verbringen, um ihn kennenzulernen.

2.

26. DEZEMBER

Rückschau auf das vergangene Jahr

ZEIT

Ca. 20–30 Minuten
Sitzplatz

Ca. 30 Minuten
Meditation und Malen

Wenn du nicht genügend Zeit haben solltest, kannst du auch nur die Meditation machen.

MATERIAL

Sitzkissen
warme Kleidung
Meditationskissen
oder -ort
Stifte, Block zum Malen
Kerze

Am zweiten Tag gehst du zuerst hinaus auf deinen Sitzplatz und machst dich mit ihm vertraut.

Du nimmst die Umgebung dort wahr: Welche Bäume und Vögel sind dort zuhause? Aus welcher Richtung weht der Wind? Wie fühlt sich dein Körper an, wenn er dort zur Ruhe kommt?
Nach ungefähr zwanzig Minuten (länger geht natürlich immer) stehst du wieder auf und kehrst nach Hause zurück. Dort entzündest du die Kerze, setzt dich auf deinen Meditationsplatz und legst die Hand auf dein Herz.
Atme tief und regelmäßig und lasse dann die Bilder des vergangenen Jahres in dir aufsteigen. Wie hat das Jahr angefangen? Was ist alles passiert? Was war besonders schön oder besonders traurig? Wo warst du im Urlaub? Welche Beziehungen waren dir besonders wichtig? Gab es etwas, was du hast gehen lassen müssen? Menschen, Lebewesen, Dinge, die du vermisst?
Nimm dir dafür genügend Zeit, bis du alles gefühlt und gesehen hast. Kehre dann wieder mit deiner Aufmerksamkeit in die Gegenwart zurück und öffne die Augen, schüttele die Finger und deinen ganzen Körper, sodass du wieder ganz da bist.
Dann male dein letztes Jahr auf. Das kann eine Linie oder ein Kreis sein, es geht auch hier nicht um Schönheit, sondern darum, dass du deinem Inneren, deiner Geschichte Ausdruck verleihst. Leg den Stift nach ca. 10 Minuten auf die Seite, was siehst du? Fehlt noch etwas? Male auch das noch hinzu, aber achte darauf, dich nicht in zu vielen Ereignissen zu verlieren, es geht nicht um Vollständigkeit.
Fühl in dich hinein: Wie geht es dir mit dem, was du gemalt hast? Wenn du magst, kannst du das kurz schriftlich festhalten.
Beende diese Session, indem du die Kerze ausbläst.

Das war der zweite Tag. Du bist einen entscheidenden Schritt gegangen, um den Schmerz und den Schatz des letzten Jahres zu heben, die Aufgabe des dritten Tages.

3.

27. DEZEMBER

Naturgang zum Schmerz und Schatz des Jahres

ZEIT

Ca. 60 Minuten
Naturgang
Zeit zum Aufschreiben
ca. 15 Minuten

Der Naturgang ist besonders wichtig, und ich lade dich ein, ihn auf jeden Fall zu machen. Solltest du am 27.12. keine Zeit dafür finden, dann kannst du ihn auch einen oder zwei Tage später machen.

MATERIAL

Sitzkissen für draußen (optional)
wetterangepasste Kleidung, mit der du dich ohne Probleme draußen aufhalten kannst, wichtig sind vor allem warme Schuhe
Zeitmessgerät (z.B. Handy im Flugmodus)
Journal und Stift
Kerze

Heute geht es darum, aus den Erfahrungen des letzten Jahres (die dir nach dem gestrigen Tag präsent sind) das zu schöpfen, was für dich essentiell war. Dabei lässt du dir von der Natur helfen und erfährst auf einem Naturgang Resonanz.

Der Impuls für den Naturgang ist:
Geh hinaus und finde den Schmerz und den Schatz des vergangenen Jahres. Bring für jedes von beiden ein Symbol.
Was ein Naturgang ist, wie Du Dir eine Schwelle gestaltest und am Ende wieder auflöst, kannst Du noch einmal auf S. 83 nachlesen.
Nachdem du zurückgekommen bist, legst du die Symbole an deinen Platz. Dann entzündest du die Kerze, nimmst dir dein Journal und schreibst über den Naturgang, ohne dabei nachzudenken oder den Stift abzusetzen. Stelle dir den Timer auf sieben Minuten und schreibe ohne Unterbrechung, leg danach den Stift zur Seite und atme durch. Über diese Art zu schreiben findest Du Näheres im „Werkzeugkoffer" auf S. 86.
Spür nach, wie geht es dir jetzt damit? Möchte noch etwas gesagt werden? Dann schreib auch das noch hin.
Danach blase die Kerze aus, schüttele dich ein bisschen, damit du wieder gut im Alltag landest. Das war ein wichtiger Gang heute.

4.

28. DEZEMBER

Ein Feuerritual

ZEIT

10 Minuten
für die Bewegung

15 Minuten
für das Ritual
mit der Kerze
oder:
solange du möchtest für
das Ritual mit einem
Feuer

MATERIAL

je nach Möglichkeiten
eine Kerze oder eine
Feuerschale und kleines
Holz (Anzündholz genügt
völlig)
die beiden Symbole aus
dem Naturgang
deine Aufzeichnungen
Musik

Am heutigen Tag geht es darum, das vergangene Jahr abzuschließen. Dafür möchte ich dich zuerst einladen, deinen Körper bei diesem Prozess mitzunehmen.

Such dir eine schnelle Musik aus, zu der du dich ca. 10–15 Minuten lang bewegen magst. Ich verwende dafür die Osho Kundalini Meditation, das erste Lied dauert 15 Minuten (gibt es bei vielen Streaming Diensten, wie z.B. Spotify, s. S. 151). Dabei geht es darum, dass du deinen Körper möglichst spontan bewegst und schüttelst.

Entzünde danach die Kerze und schau dir deine Aufzeichnungen des Naturgangs nochmal an. Was darf gehen bzw. was darf sich verwandeln, transformieren? Schreib es auf einen oder mehrere Zettel. Diese kannst du dann zusammen mit den Symbolen entweder in der Kerze oder in einem kleinen Feuer verbrennen – das hängt ganz von deinen zeitlichen und örtlichen Möglichkeiten ab. Wenn die beiden Symbole aus dem Naturgang zu groß sind, um sie zu verbrennen, kannst du sie auch in der Erde vergraben und diese bitten, sie zu wandeln, damit daraus etwas Gutes entsteht.
Sag beim Verbrennen laut und deutlich, was du gehen lassen möchtest, was sich wandeln darf.
Danach bläst du die Kerze aus und bedankst dich bei ihr dafür, dass sie deine Erfahrungen transformiert.
Solltest du ein Feuer angezündet haben, so ist es schön, wenn du dieses bis zum Ende hüten kannst und es nicht mit Wasser löschst. Das finde ich im Kontext eines Rituals nicht stimmig.
Damit ist der erste Teil deiner Raunachtsreise fast abgeschlossen.

EIN FEUERRITUAL GESTALTEN

Falls du an diesem Tag genügend Zeit hast, so ist dies die Einladung, ein Feuerritual zu gestalten. Dafür braucht es eine Feuerschale und kleine Holzscheite.
Anzündholz aus dem Baumarkt funktioniert wunderbar, noch mehr Verbindung schafft es, wenn du das Holz vorher selbst sammelst. Vielleicht gibt es einen Wald bei dir in der Nähe, wo das möglich ist. Rechtlich darfst du übrigens Reisig im Wald sammeln, das deckt die so genannte Handstraußregelung ab, die besagt, dass kleine Mengen Holz und Pflanzen für den Eigenbedarf mitgenommen werden dürfen.
Beim Sammeln achte bitte darauf, dass du keine Zweige mitnimmst, die unmittelbar auf dem Boden gelegen haben, diese sind nass, und du würdest nicht viel Freude an deinem Feuer haben.
Am besten sind kleine Äste von umgefallenen Bäumen, die in die Luft ragen oder auch kleine, tote Zweige an Fichtenstämmen, die man abbrechen kann. Du solltest nichts absägen oder gar einen Baum fällen, das ist verboten (und auch sinnlos, frisches Holz brennt nur sehr schwer).
Es reicht ein kleiner Beutel Zweige, mehr brauchst du nicht, denn es geht nicht darum, ein großes Feuer zu entzünden.
Als Anzündhilfe ist Birkenrinde sehr geeignet, vielleicht findest du auch diese im Wald. Da Birken als Pionierbäume keine lange Lebenszeit haben, gibt es häufig umgefallene Stämme, bei denen sich die Rinde bereits von selbst abschält. (Bitte nicht von lebenden Bäumen abschaben, das schädigt diese).
Zuhause schichtest du die Zweige in der Feuerschale auf. Dann hältst du inne und vergegenwärtigst dir den Sinn dieses Feuers. Danach kannst du es mit einem Streichholz entzünden.
Dieses Feuer brennt dann für dich und für die Verwandlung deiner Anliegen. Darum gehören hier auch keine Abfälle, keine Zigarettenkippen oder Taschentücher hinein. Es sollte auch nicht mit Wasser gelöscht (was für eine Art der Transformation wäre das?), sondern bis zum Ende gehütet werden, bis die Asche verglommen ist. Das dauert länger, als man denkt, auch

deswegen empfiehlt es sich, ein kleines Feuer zu machen und kein riesiges Lagerfeuer.
Vielleicht hast du eine Freundin, die du gerne ans Feuer einladen möchtest, dann ist es wichtig, dass ihr nicht ins Unterhalten kommt, sondern dass der Fokus weiterhin auf dem Feuer und der Transformation liegt.
Nachdem das Feuer erloschen ist, bedankst du dich nochmal bei ihm.
Das klingt sehr einfach und ist es auch. Was dieses Feuer zu einem rituellen macht, ist vor allem deine Achtsamkeit und Aufmerksamkeit, mit der du es vorbereitest, entzündest und begleitest.

Damit du dir vorstellen kannst, wie so ein Naturgang mit anschließendem Feuerritual aussehen kann, habe ich den Naturgang, den ich Ende 2023 gemacht habe, aufgeschrieben.

Der Schmerz und der Schatz des Jahres

Es war bitterkalt. Der Wind pfiff durch den Unterstand, zerrte an den Bohlen und Brettern. Die Fichten neigten sich bedrohlich, Eichenblätter tanzten wild durch die Luft. Es war kurz vor Silvester. Zehn Jahre waren seit dem Nachmittag im Wald vergangen, so vieles hatte sich seitdem geändert und manches war geblieben. Meine Kinder waren zwar inzwischen größer geworden, doch das Haus war immer noch nur so mittelmäßig aufgeräumt, der Silvesterabend noch nicht vorbereitet, der letzte Einkauf noch nicht getan. In einer fünfköpfigen Familie ist das einfach so, das wird sich erst ändern, wenn die Kinder ausziehen, und dann werde ich das alltägliche Chaos bestimmt vermissen.

Dennoch war ich losgezogen, hatte mir die Zeit genommen, um einen Naturgang zu machen.

So baute ich mir eine Schwelle aus Ästen, nahm einen Buschen mit Beifuß, den ich im August gebunden und getrocknet hatte, und räucherte mich von Kopf bis Fuß. Ich atmete nochmal durch und ließ mir die Ereignisse des letzten Jahres durch den Kopf gehen.
Es war ein besonders bewegendes Jahr gewesen. Ich hatte angefangen, mythodramatische Rituale zu den Jahreskreisfesten anzubieten, und dabei unendlich viel gelernt. Ich hatte einen Platz gefunden, an dem ich mich mit all meinen Zellen zuhause gefühlt hatte, war zutiefst in Verbindung mit den Lebewesen und der Natur gegangen. Und ich hatte lernen müssen, diesen Ort wieder loszulassen.
Eine Krebserkrankung in der Familie hatte uns sehr gefordert, wir waren aufgerufen, alte Verhaltensmuster zu überdenken und neue Wege zu finden.
Das alles wollte integriert werden, und ich wusste, dass ich dafür Zeit brauchen würde. Um das, was gegangen war, zu betrauern und um zu schauen, wofür ich dankbar sein konnte. Den Schmerz und den Schatz des letzten Jahres.
Mit diesen Gedanken trat ich bewusst über die Schwelle und ließ den Impuls erst einmal los.
Auf der anderen Seite sah es natürlich erstmal genauso aus wie vorher. Doch meine Gangart war eine andere, ich hatte auf einmal kein Ziel mehr, sondern Zeit. Ich bewegte mich im Schneckentempo, achtete auf alles um mich herum, ließ mich treiben. Je länger ich unterwegs war, desto mehr sank ich ein in das Gewebe des Platzes, ging in Verbindung mit den Eichen und Birken.
Eine Birke erinnerte mich an einen Hain, wo ich letztes Jahr das erste Ritual abgehalten hatte, ein Stück ihrer Rinde war Symbol für den Schmerz, der sich transformieren sollte.
Ein altes Eichenblatt wurde das Symbol für den Schatz des letzten Jahres, für das Erkennen von alten Verhaltensmustern

und für die Selbstannahme, die damit einhergegangen war. Beides nahm ich für das Ritual, das ich im Anschluss halten würde, mit.
Die Kargheit der Landschaft erzählte mir noch etwas über den Prozess des Loslassens, darüber, dass es noch dauern würde, bis das Neue erblühte.
Nach einiger Zeit – es waren bestimmt zwei Stunden vergangen – kehrte ich wieder über die Schwelle zurück und verteilte ihre Zweige wieder in der Landschaft. Behutsam legte ich die Rinde und das Blatt zu den Räucherutensilien.
Am Abend entzündete ich das Feuer und gab alles hinein, die Birkenrinde und das Eichenblatt.
Es war kein großes Feuer, das brauchte es auch nicht zu sein, darum ging es nicht, eine Kerze hätte auch genügt.
Danach setzte ich mich hin und schrieb alles auf.
Dann legte ich den Stift zur Seite und atmete tief durch. Ich hatte das Alte gehen lassen, etwas Neues durfte kommen.

So kann ein Naturgang ablaufen – die ersten Aufzeichnungen unmittelbar danach, die ich im Free Writing dazu geschrieben habe, sahen noch ganz anders aus, das soll kein Standard für dich sein.

5.

29. DEZEMBER

Dank

ZEIT

Ca. 30 Minuten
auf dem Sitzplatz,
tagsüber

MATERIAL

Journal, Stift
Kerze
Vogelfutter o.ä.

Nachdem du den Schmerz und den Schatz des letzten Jahres gehoben und alles, was gehen darf, ins Feuer gegeben hast, ist es Zeit, danke zu sagen. Einen Dank für all das, was gewesen ist, und einen Dank an das Netz der Natur, in das wir eingebunden sind.

Dafür nimmst du ein bisschen Vogelfutter, oder du schneidest Obst klein. Das bringst du an deinen Sitzplatz und verteilst es vor Ort. Denke daran, in welchen Situationen die Lebewesen um dich herum dir geholfen haben (und sei es auch „nur", indem sie dein Leben mit ihren Blüten verschönert und mit ihren Gesängen erhellt haben). Verweile noch ein bisschen auf deinem Sitzplatz und versuche, die Verbindung zu den Lebewesen um dich herum zu spüren.

Dieser Tag dient auch als Puffertag für den Fall, dass du an einem der vorherigen Tage keine Zeit hattest.
Und die Einladung ist, spätestens an diesem Tag die Betrachtung des vergangenen Jahres abzuschließen. Es wäre schön, wenn der Dank dabei nicht zu kurz käme, du kannst ihn aber auch an das Feuerritual anschließen.

Das zweite Drittel: Durch die Dunkelheit

6.

30. DEZEMBER

Der leere Tag

ZEIT

So viel es geht.
Auf jeden Fall eine Stunde
in der Dämmerung

MATERIAL

Papier, Malstifte,
was auch immer du
zuhause hast
Kerze, eventuell in einem
weiten Glas
Streichhölzer
Sitzkissen

Du bist in der Mitte der Raunächte angekommen. Das vergangene Jahr hast du nun abgeschlossen, das neue ist noch nicht da. In diesem Zwischenraum darfst du dich erstmal sinken lassen. Dieses Sich-Zeit-lassen für das, was entstehen mag, ist für unsere Gesellschaft erst einmal ungewohnt. Ich möchte dich einladen, es einmal damit zu versuchen.

Dafür ziehst du dich, so gut es geht, für mindestens einen halben Tag (ein ganzer ist besser) aus dem normalen Alltagsleben heraus und verbringst ihn nur mit dir. Fülle diesen Tag nicht mit den Beschäftigungen, denen du normalerweise an freien Tagen nachgehst. Sondern versuche, möglichst ergebnisoffen und ohne Ziel unterwegs zu sein.
Am besten startest du mit einer Sinnesmeditation, danach kannst du malen, schreiben, kreativ sein mit den Materialien, die du um dich herum hast, alles, was dir in den Sinn kommt. Lieg auf dem Sofa rum und mache buchstäblich nichts, träume dich in das nächste Jahr hinein.

Wenn du magst, kannst du folgende Übung ausprobieren:

Das geschenkte Jahr

Stell dir vor, du bekommst ein Jahr geschenkt, in dem alles passieren kann, ohne dass es irgendwelche Folgen hat. Ein Jahr zwischen den Jahren sozusagen.
Was würdest du tun? Schreibe es auf.

Nach dieser kreativen Auszeit, die du so lang oder so kurz begehen kannst, wie es dir dein Alltag erlaubt, würde ich dir gerne eine ganz besondere Erfahrung ans Herz legen:

Einsinken in die Dämmerung

Geh in der Dämmerung auf deinen Sitzplatz und nimm deine Kerze sowie Streichhölzer mit.
Auf deinem Sitzplatz verweilst du und erlebst, wie das Licht langsam verlischt, die Konturen des Waldes verschwimmen, bis schließlich die Dunkelheit dich umgibt. Dann, mitten in der Dunkelheit, zündest du die Kerze an und beobachtest, wie sich der Raum verändert.
Schließlich, wenn es soweit ist, stehst du auf und gehst nach Hause. Sollte die Flamme auf dem Weg ausgehen, so zündest du die Kerze in deinem Zimmer wieder an.
Lass das Erlebte nochmal Revue passieren. Was ist dir in der Dunkelheit passiert? Wie hat sie sich angefühlt? Was sagt dein Körper dazu?
Schreibe oder male ein Bild dazu.

Diese Übung ist *nicht* dazu gedacht, dass du Angst hast oder deine Komfortzone verlässt. Wenn du dich in der Dunkelheit an deinem Sitzplatz nicht wohl fühlst, dann kannst du diese Erfahrung auch an einem anderen Ort machen. Solltest du dich generell in der Dunkelheit draußen nicht wohl fühlen, kannst du die Übung auch auf dem Balkon oder in einem abgedunkelten bzw. nicht erleuchteten Zimmer machen.

Dazu noch eine Variante, die du gut in einem geschlossenen Raum machen kannst:
Leg mit Tüchern oder Kleidern deine Körperumrisse um dich und bleib dann im verdunkelten Zimmer ca. 30 Minuten oder länger darin liegen. Steh auf und betrachte den Umriss. Was fühlst du?
Schreibe oder male ein Bild dazu.

7.

31. DEZEMBER

Orakeln

ZEIT

nach Belieben,
ab zehn Minuten

MATERIAL

Orakelkarten
Papier, Stift
Journal
Kerze
eventuell Keramik- oder Porzellanteller für die heiße Asche

An Silvester ist bei den meisten Menschen sehr viel los, die letzten Vorbereitungen für den Jahreswechsel wollen noch getätigt, Einkäufe gemacht werden. Auch der Aufenthalt in der Natur ist jetzt oft gar nicht mehr erholsam, da der Lärm vielerorts schon am Nachmittag losgeht.
Es ist die Nacht, die auch unsere Gesellschaft als die entscheidende begreift. Heute endet das alte Jahr und das neue beginnt.

Traditionell wurde in dieser Nacht orakelt, und genau das möchte ich dir auch heute empfehlen.
Ich benutze dafür einfache Tarotkarten, vielleicht hast du aber schon Orakelkarten, die du nutzt, das geht auch.
Zu Beginn legst du die Karten verdeckt vor dir aus, zündest deine Kerze an, schaust in die Flamme und kommst ganz bei dir an.
Dann ziehst du drei Karten aus dem Deck und legst sie vor dir auf den Boden.
Die erste Karte steht für die Ausrichtung, für das, worum es im nächsten Jahr geht.
Die zweite Karte verrät dir, was dir dabei helfen kann.
Die dritte Karte weist dich darauf hin, worauf du achten solltest.
Schau im Beiheft des Kartendecks oder im Buch nach, wofür die Karten stehen, und notier dir alles in deinem Journal. Was haben die Karten mit deinem Leben zu tun? Wo siehst du Resonanz oder Parallelen?

Die 13 Wünsche

Das zweite Ritual, das ich in dieser Nacht durchführe, ist dir wahrscheinlich schon mal begegnet, es ist das Ritual der 13 Wünsche. Dafür zündest du deine Kerze an, stellst eventuell den Teller daneben, legst vielleicht eine passende Musik auf und stimmst dich ein. Was wird nächstes Jahr kommen? Was wünscht du dir, was passieren soll? Lass dir dafür Zeit und träum dich hinein in die Zukunft. Dann überlegst du dir 13 Wünsche für das neue Jahr. Diese schreibst du jeden einzeln auf einen Zettel, den du zusammenfaltest.

Im nächsten Schritt verbrennst du 12 Zettel in der Flamme der Kerze (der Teller ist für die heiße Asche). Das sind die Wünsche, die du ans Universum gibst.

Ein Wunsch bleibt dann noch übrig. Falte den Zettel auseinander: Für das, was auf diesem Zettel steht, bist du selbst verantwortlich, den darfst du dir selbst erfüllen.

Notiere ihn dir in deinem Journal und schaue ihn dir immer wieder an. Das ist dein Leitstern für das neue Jahr.

Mein Wunsch, für den ich 2024 selbst verantwortlich bin, ist „Ruhepausen“. Das forderte mich gleich im Februar schon heraus. Denn ich stand vor der Entscheidung, ob ich mitten im Schreibprozess für dieses Buch ein wichtiges Seminar besuchen konnte, auf das ich mich schon lange gefreut hatte. Eigentlich wollte ich wirklich gerne daran teilnehmen und suchte schon in meinem Kalender nach den Ritzen und Ecken, in denen ich noch arbeiten konnte.
Doch dann erinnerte ich mich an meinen 13. Wunsch, und mir wurde klar, dass ich auf das Seminar würde verzichten müssen. Seltsamerweise fiel mir das dann auch gar nicht mehr schwer, sobald ich mich an meinen Leitstern orientiert hatte. Ich wusste auf einmal, dass das die richtige Entscheidung für mich war.
Als es dann soweit war und das Seminar stattfand, war ich zwar immer noch traurig, nicht dabei zu sein, doch sehr froh, die Entscheidung schon so früh und klar getroffen zu haben. Denn beides hätte ich nicht miteinander verbinden können. So hatte ich ein bisschen Puffer beim Schreiben und konnte tatsächlich die ein oder andere Ruhepause am Tonteich, meinem liebsten Badesee, einbauen.

Das dritte Drittel: Das neue Jahr und Rückkehr in den Alltag

8. & 9.

1. UND 2. JANUAR

Naturgang und Satz zum neuen Jahr

ZEIT

eine Stunde
für den Naturgang
ca. 15 Minuten

Free Writing
15–20 Minuten für deinen
Satz zum neuen Jahr

ein Ausflug zum Sitzplatz
(an einem Tag oder verteilt auf zwei Tage)
tagsüber

MATERIAL

Journal, Stift, Papier
Sitzkissen für
den Naturgang
Kerze

Silvester ist vorbei, mancherorts herrscht Katerstimmung. Wie geht es dir an diesem frischen Neujahrsmorgen? Was sagt dein Körper?

Heute oder morgen steht ein Naturgang zum neuen Jahr an. Es ist nicht entscheidend, an welchem Tag du hinausgehst, wichtig ist nur, dass du es machst. Entscheide also du, an welchem Tag es besser passt.
An dem ausgewählten Tag gehst du mit dem folgenden Impuls hinaus:
Geh über die Schwelle und schau, was passiert.
Es geht darum, zu ergründen, was kommen mag. Lass dich von deinem Körper und deinen Sinnen leiten.
Wenn du zurückkommst über die Schwelle, halte inne und vergegenwärtige dir deine Erfahrung nochmal. Dann spür in deinen Körper, ob du eine Geste dazu findest, die diese ausdrückt.

Im Anschluss zündest du zuhause deine Kerze an, nimmst dein Journal und schreibst zehn Minuten lang über deinen Naturgang. Benutze dabei die Methode des Free Writing, die ich dir bereits vorgestellt habe (S. 86).
Nach zehn Minuten legst du den Stift zur Seite und machst eine kurze Pause, vielleicht magst du etwas trinken. Dann nimmst du den Stift nochmal in die Hand, liest den Text durch und unterstreichst spontan 5–7 Wörter, die dir auffallen. Diese schreibst du untereinander auf eine neue Seite in deinem Journal. Welcher Satz will daraus entstehen?
Bitte mach dir keinen Stress, dass es ein besonders schöner oder eleganter Satz sein soll.
Dieser Satz darf dich das ganze Jahr über begleiten, an ihm kannst du dich immer wieder ausrichten.
Um zu verdeutlichen, was ich meine, möchte ich dir schildern, wie ich meinen Satz für das Jahr 2024 gefunden habe.

Meine Geschichte

Es war kein schöner Start in das neue Jahr gewesen. Gleich am Anfang hatte ich mir die Schulter gezerrt und litt unter starken Schmerzen. Diese begleiteten mich auch auf meinem Naturgang, ich merkte, wie wenig ich in Verbindung gehen konnte, so sehr hielten sie mich in Schach. Und so konnte mich kein Ort locken, ich stolperte durch den Kiefernwald und fand nur Schweigen und Schatten. Schließlich machte ich mich auf den Rückweg, es war wohl kein guter Tag für einen Naturgang, wenn ich mich so wenig verbinden konnte. Schließlich kam ich noch einmal vom Wege ab, umarmte einen Baum, ließ mich einsinken in seine Struktur, roch die Rinde. Und da, mitten im Winter, hörte ich auf einmal den Zaunkönig singen. Sein Gesang fand seinen Weg in mein Herz hinein, tröstete mich und ließ mich ankommen – in der Natur und in mir selbst. Ich war auf einmal wieder mit mir selbst und mit der Natur verbunden. Alle Scham darüber, dass ich nicht leistungsfähig war, verschwand, und ich konnte mich mit meinem Schmerz annehmen. Und dann sah ich auf einmal wieder die ganzen Geschichten des Waldes um mich herum und konnte das Netz der Verbundenheit wahrnehmen.

Meine ersten Sätze aus diesem Naturgang waren:
Auch in der Stille singen die Vögel.
Den Körper fühlen und der Welt lauschen.
Durch meinen Körper mit der Welt verbunden.

Am Schluss bin ich bei
„Ich bin in mir selbst zuhause." gelandet.

Das hat auf den ersten Blick nur noch wenig mit der Ausgangssituation zu tun, doch darum geht es überhaupt nicht – deswegen erzähle ich es hier auch.

Für mich war und ist dieser Satz überaus stimmig – und es ist vollkommen egal, ob andere das nachvollziehen können oder nicht.
So ist es auch mit deinem Satz für das Jahr: Hör auf dein Bauchgefühl, es wird dir sagen, wie der Satz für dich klingen muss. Und: Dein Unterbewusstsein muss ihn auf Anhieb verstehen. Wenn er zu viele Nebensätze enthält oder zu lang ist, dann kürze ihn ein. Was ist das Wesentliche? Alles andere kannst du weglassen.
Damit dieser Satz dich kraftvoll begleitet, kannst du ein kleines Ritual durchführen. Dafür schreibst du den Satz auf ein schönes Blatt Papier und gehst auf deinen Sitzplatz. Dort rufst du deinen Satz in alle vier Himmelsrichtungen. Erzähl ihn den Tieren und Lebewesen an deinem Platz, lass sie teilhaben an deiner Zukunft. Danach vergräbst du das Papier in der Erde, damit daraus etwas wachsen darf.
Zuhause spürst du nach, ob sich der Satz nochmal verändert hat. Schreibe nun diese Version auf ein Papier und befestige es dort, wo du es häufig siehst und immer wieder daran erinnert wirst.
Das Schöne an diesen Sätzen ist nämlich, dass sie nicht nach einem Jahr ihre Gültigkeit verlieren, sondern wie Schätze sind, zu denen jedes Jahr ein weiterer hinzukommt. Ich habe inzwischen ein ganzes Schatzkästchen von Sätzen, die mir in schwierigen Momenten meines Lebens helfen.
Falls du dich jetzt fragst, ob es dafür wirklich einen Naturgang braucht, ob wir nicht einfach so Sätze aufschreiben können, die uns wichtig sind, dann lautet meine Antwort darauf: Ja, das braucht es auf jeden Fall. Denn ihre besondere Kraft ziehen diese Sätze daraus, dass sie nicht aus uns alleine entstanden sind, sondern in Ko-Kreation mit der Natur.
Damit umgehen wir unseren klugen Kopf, der immer denkt, alles im Griff zu haben und besser zu wissen. Ein Naturgang bringt uns in Kontakt damit, was wirklich in uns ist, mit einer Tiefe, die uns geschenkt wird, die wir aber nicht selber herstellen können. Darum sind diese Sätze so wirkungsvoll.

10.

3. JANUAR

Deine Vision

ZEIT

ca. 30 Minuten

MATERIAL

alte Zeitschriften
Klebstift
ein großes Blatt Papier
Kerze
eventuell
Räuchermaterial

Nach dem großen Naturgang gestern wird es heute spielerisch und kreativ. Du hast den Satz für dein Jahr gefunden, heute geht es darum, Bilder für das neue Jahr zu finden.

Dafür schaffst du dir wieder deinen gemütlichen Raum, zündest die Kerze an – wenn du magst, kannst du ein wenig räuchern. Komm bei dir selbst an und stimm dich ein.
Dann nimmst du einen Stapel alter Zeitschriften und suchst nach Bildern, die dich ansprechen, schneidest diese aus und stellst daraus eine Collage zusammen: dein Vision Board fürs neue Jahr.
Das kann etwas ganz Konkretes sein (vor sechs Jahren ist auf meinem Vision Board ein Hund aufgetaucht, und im darauffolgenden Dezember habe ich dann durch verschiedene Zufälle den Mut aufgebracht, eine Hündin in unserer Familie willkommen zu heißen); das kann aber auch eine Qualität wie mehr Leichtigkeit oder Naturverbindung sein, die in deinem Leben Einzug halten will.

Nimm dir dafür so viel oder wenig Zeit, wie du magst, mach es zu einer freudigen und kreativen Angelegenheit.

Im Anschluss kannst du die Kerze auspusten und einen schönen Ort für dein Vision Board finden, sodass du es täglich siehst.

11.

4. JANUAR

Der erste Schritt

ZEIT

30 Minuten
Sitzplatz

15 Minuten
zuhause

MATERIAL

dein Journal, Stift
Sitzkissen für
den Sitzplatz
Räuchergut und Gefäß
Kerze

Die Raunächte neigen sich langsam dem Ende zu. Dein Alltagsleben hat sicherlich auch schon wieder Geschwindigkeit aufgenommen. Auch unsere Reise durch die Raunächte schließt so langsam ihren Bogen.

Wenn du Zeit hast, geh heute ruhig nochmal auf den Sitzplatz. Vielleicht kommt er dir jetzt schon ein wenig vertrauter vor als am Anfang?
Sink ein ins Netz der Natur, lass dich halten und wiegen. Am Ende danke dem Sitzplatz für die gemeinsame Zeit und verabschiede dich, indem du den Sitzplatz und seine Umgebung räucherst. Vielleicht willst du in Zukunft wieder herkommen? Je häufiger du das machst, desto stärker werden deine Beziehungen zur Natur, desto mehr wird der Sitzplatz zum Freund in allen Lebenslagen.
Zuhause kannst du auf deinem Platz wieder die Kerze anzünden. Nimm dein Journal nochmal in die Hand, schaue dir deinen Satz und dein Vision Board an. Was ist der erste Schritt, den es zu tun gilt, damit das neue Jahr gut anfängt?
Es geht nicht darum, eine Liste mit zwölf Zielen zu formulieren und dann einen Masterplan zu erstellen oder große Vorsätze zu postulieren wie „Ich werde zehn Kilo abnehmen und mich nur noch gesund ernähren“. Wir alle wissen, dass das nicht klappt. Den ersten Monat hält man das vielleicht noch durch, aber spätestens bei der ersten Krise im Februar gewinnen normalerweise Netflix und Schokolade.
Es geht wirklich nur um den ersten Schritt. Das große Bild muss noch gar nicht klar sein, aber der erste Schritt wird zum zweiten führen, der wiederum zum dritten, und so entsteht eine Bewegung aus sich selbst heraus, ohne großen Aufwand.
Diesen ersten Schritt schreibst du auf und nimmst ihn dir in den nächsten Tagen vor. Das ist alles.
Im Anschluss kannst du die Kerze wieder löschen.

12.

5. JANUAR

Räuchern

ZEIT

30 Minuten
Hausräucherung

MATERIAL

Räuchergut: Weihrauch oder Harz oder Kräuterbuschen
Räuchergefäß
Tücher o.ä. für eine Schwelle
Journal und Stift
ggf. kleines Kästchen für die Schätze der Raunächte

An diesem Tag gehen die Raunächte nun tatsächlich zu Ende. Bis hierher bist du schon einen langen Weg gegangen.

Zum Abschluss dieser Zeit lade ich dich zu einem letzten Ritual ein. Traditionell wurde in der letzten Nacht der Raunächte das Haus geräuchert. Das möchte ich dir auch für den heutigen Tag vorschlagen. Dazu kannst du gerne deine gesamte Familie mitnehmen, eine Hausräucherung ist ein gemeinsamer Akt.

Zusammen geht ihr mit dem Räuchergefäß in der Hand durch jedes Zimmer, schwenkt die Pfanne und sprecht eure Wünsche für den Raum und seine Bewohner*innen aus. Lasst euch dabei Zeit und spürt hinein, was ihr wirklich sagen wollt.

Das könnt ihr nicht nur mit dem ganzen Haus machen, sondern auch mit dem Garten, der Garage, mit allem, was euch umgibt.

Vergiss auch die Lebewesen in deinem Garten nicht, die Hecken, Pflanzen und Bäume.

Am Abend entzündest du noch einmal die Kerze und löst deinen Platz auf. Vielleicht hast du ein Kästchen, in das du alles zusammenpacken magst? Dann kannst du immer wieder hineinschauen und im Herbst überprüfen, was gewachsen ist.

Dann legst du wieder eine Schwelle auf den Boden. Stell dich davor und lass die Raunächte noch einmal Revue passieren. Mit diesen Bildern im Kopf gehst du wieder über die Schwelle, verlässt den Raum der Raunächte.

Wie es weitergeht

Herzlich willkommen im Alltag. Die Raunächte liegen nun hinter dir. Vielleicht hast du alle Übungen mitgemacht, vielleicht hast du nicht alles geschafft, das spielt keine Rolle. „So wie es war, war's wahr", lautet ein Lied von Ursula Seghezzi.
Das Wichtige ist jetzt, dich von dem, was du erlebt hast, weiter begleiten zu lassen.
Schau dir deinen Satz für das neue Jahr immer wieder an. Wie kann er dir helfen?
Als Beispiel eine Geschichte, wie es mir mit einem meiner ersten Sätze erging.

Vor ein paar Jahren lautete mein Satz: „Ich bin mir selbst gut genug." Dieser Satz stand groß vorne in meinem Kalender drin, ich sah in mir häufig an und merkte, wie sehr er mich herausforderte. Später im Jahr war bei einem meiner Kinder die Versetzung in die höhere Klasse gefährdet, und nach einem besonders unangenehmen Gespräch mit einem Lehrer glaubte ich, dass ich als Mutter versagt hatte.
Ich spürte, dass ich so nicht nach Hause zurückkehren konnte, ich würde meinen Frust nur an meinem Kind auslassen. Stattdessen fuhr ich in den Wald, stapfte bei Sturm und Regen über Stock und Stein und sagte mir immer wieder: „Ich bin mir selbst gut genug." Irgendwann, ich war inzwischen patschnass, kam dieser Satz nicht nur in meinem Geist, sondern auch in meinem Körper an, etwas veränderte sich in mir, ich atmete aus, die Spannung wich. Ich war mir tatsächlich gut genug und mein Kind war es auch – egal, was der Lehrer sagte.

Mit dieser Einsicht konnte ich nach Hause zurückkehren und für mein Kind da sein, es in seinen Sorgen und Ängsten begleiten, ohne dass sich meine eigenen Themen hineinmischten.
Ich bin immer noch sehr dankbar für diesen Satz, der mich durch so manche Krisensituationen begleitet.

Aber auch das Vision Board kann dich immer wieder inspirieren, an deine Träume zu glauben und an ihnen festzuhalten. Halte die Augen offen, das Wunder kann gleich um die Ecke sein.
Und ganz wichtig: Was war dein erster Schritt? Geh ihn, sobald du kannst.

Schlusswort

Der Wind fuhr durch die Bäume, riss an den Zweigen der alten Eiche, bog die Fichten am Rande des Platzes. Regen hatte den Boden durchweicht, ich stand bis zu den Knöcheln im Matsch.
Wintersonnenwende war's, und die wilden Mächte tobten durch die Wentorfer Lohe. In mir war es ruhig, denn ich wusste, was jetzt dran war. Mit Bedacht baute ich eine Schwelle auf dem Boden, entzündete mit Mühe den Kräuterbuschen aus dem Sommer. Es dauerte lange, bis er richtig brannte. Schließlich räucherte ich mich einmal von oben bis unten, sog den Duft des vergangenen Jahres tief ein. Wie herrlich der Sommer gewesen war, tiefblauer Himmel, Wiesen voller Johanniskraut und Beifuß. Und doch auch voller Schmerz und Abschiede. All das war nun vorbei, es galt nun das Jahr abzuschließen. Ich war bereit. Mit einem großen Schritt ging ich über die Schwelle.
Die Raunächte begannen, der ewige Zyklus von Werden und Vergehen, der große Kreislauf der alten Geschichten und Bilder. Und ich war darin eingewoben in dieses Netz der Verbundenheit, jedes Jahr wieder von neuem.

Das wünsche ich auch dir, dass diese Raunachtsreise dich über die Jahre begleiten kann, dass du jedes Jahr ein bisschen tiefer darin einsinken kannst, mit Geduld und Liebe für dich und die Welt.
Denn genau das ist wichtig, am kleinsten Werk hängt die Ordnung der größten Dinge.

Dank

Ein Buch zu schreiben bedeutet immer in Beziehung zu gehen mit Menschen, die vor mir gedacht und geschrieben haben. Kein Buch entsteht im luftleeren Raum. Meinen Dank darum an die Menschen, deren Arbeit und Sein mir auf meiner Schreibreise geholfen haben: An erster Stelle möchte ich Ursula Seghezzi nennen, deren ständiges Forschen mich immer wieder inspiriert. Ich durfte die naturzyklische Prozessgestaltung und die Leitung mythodramatischer Rituale von ihr lernen, beides hat mich zutiefst beeinflusst. Die Grundstruktur der Raunachtsreise beruht auf dem Transformationsrad, das Ursula Seghezzi in ihrem Buch „Vom Wissen des Wandels" vorstellt, sowie auf dem Neujahrsritual, das regelmäßig am Uma Institut stattfindet. Danke, dass ich beides hier verwenden darf.

Tala Mohajeri hat mir nicht nur in so manch kritischer Phase den Mut wiedergegeben. Ihr Zuspruch und ihr Glaube an mich feuern mich seit Jahren an. Herzlichen Dank dir für alles.

Anne Wiebelitz-Saillard hat mit ihren Erfahrungen als Naturcoachin den ersten Entwurf gegengelesen. Danke dir für dein Engagement, deine Zeit und deine wichtigen Kommentare und Ergänzungen.

Katharina Gerhardt und Christine Gräbe haben mit ihren klugen Lektorinnenaugen das Manuskript gelesen und mich auf so manche Unklarheit aufmerksam gemacht. Danke euch für euer Einlassen auf ein neues Thema und eure Freundschaft.

Der wunderbaren Schreibcoachin Kea von Garnier einen herzlichen Dank für ihre Inspirationen und die Idee für das geschenkte Jahr.

Linda Gigga verdanke ich die Idee, die Umrisse des Körpers mit Tüchern nachzuzeichnen. Danke dir dafür.

Einen großen Dank an meine Partnerin von „Dein Weg nach Hause“ Eva Klinke, mit der ich seit Jahren die Qualitäten der Jahreskreisfeste und der Raunächte erforsche.
Dem Thorbecke Verlag und meiner Lektorin Uta Korzeniewski danke ich für das Vertrauen und die gute Zusammenarbeit.
Meine Eltern Christa und Rainer Blum haben mich immer ermutigt, meinen Weg zu gehen, und mir dafür in schwierigen Phasen ihre Zeit und ihre Unterstützung geschenkt. Herzlichen Dank euch für alles, was ihr für mich getan habt.
Mein Mann Kai Merten und meine Kinder Charlotte, Helene und Jakob sind meine ständige Inspiration und der Grund für überhaupt alles. Danke, dass es euch gibt und dass wir uns im Leben begleiten.

Textnachweis

S. 24ff und S. 29ff: © 2017 Helmut Früh, www.sigrid-frueh.de

Bildnachweis

Adobe Stock: S. 61
Pexels: S. 38 (timmossholder), S. 67
Photocase: S. 16 (sol-b), S. 40 (Fabian Zocher), S. 47 (ndanko), S. 75 (fotokomplizin), S. 76/77 (sto.E), S. 89 (giulietta73), S. 138 (AGM)
Shutterstock: S. 19, 20, 27, 28, 51, 55, 56, 57, 63, 87, Vor- & Nachsatz
Franzi Schädel: S. 63, 65, 82, 91, 122, 152
Unsplash.com: S. 7 (kitera_dent), S. 8 (harald-pliessnig), S. 12 (adamj_miller), S. 22 (wren-meinberg), S. 35 (Chandler Cruttenden), S. 44 (Svitlanka Dlinnaya), S. 49 (sirine kh), S. 58 (Wil Stewart), S. 70 (vasilina-sirotina), S. 73 (birgith-roosipuu), S. 92 (viva-luna-studios), S. 95 (gary-fultz), S. 96/97 (diana-parkhouse), S. 100 (Jesse Orrico), S. 103 (sean-ferigan-Zoe), S. 106 (vidar-nordli-mathisen), S. 109 (lukasz-rawa), S. 115 (siim-lukka), S. 118 (Neil Rosenstech), S. 125 (mathilde-langevin), S. 127 (craig-whitehead), S. 132 (julia-lynn), S. 135 (cristina-gottardi), S. 138 (AGM), S. 141 (dominik-inmann), S. 145 (aleksandra-boguslawska), S. 147 (siora-photography)
Wikimedia Commons: CC by-sa 4.0: Ursula Jaeger, Jan Czeczotka: S. 53
Historische Abbildungen aus Märchen und Sagen:
Bilder- und Geschichtenbuch, Hermann Vogel, München 1903 (S. 24)
Bilder und Vignetten von Ludwig Richter, Holzschnitte nach den Originalen auf Holz gezeichnet von Prof. H. Bürkner, Dresden 1900 (S. 29)
Das festliche Jahr, Otto von Reinsberg-Düringsfeld, Leipzig 1863 (S. 37, 39)
Household Stories stories from the collection of the Bros. Grimm, Lucy Crane, Walter Crane, London 1882 (S. 42)

Historische Abbildungen von Pflanzen und Tieren:

Leopold Fitzinger: Bilder-Atlas zur wissenschaftlich-populären Naturgeschichte der Vögel in ihren sämmtlichen Hauptformen. Wien 1864

Buffon, Histoire naturelle des Oiseaux, Paris 1835

Friedrich Guimpel: Abbildung und Beschreibung aller in der Pharmacopoea Borussica aufgeführten Gewaechse, Berlin 1830, Universitätsbibliothek Düsseldorf, urn:nbn:de:hbz:061:2-168881

Literatur

Erster Teil

Wolfgang Behringer, Kulturgeschichte des Klimas. Von der Eiszeit bis zur globalen Erwärmung. München 2021.

Walter Benjamin: Der Erzähler, Gesamtausgabe II 457, Frankfurt 1980, 1991

Digitales Wörterbuch der deutschen Sprache

https://www.dwds.de/wb/Raunacht?o=raunacht, abgerufen am 13.05.24

Paul Ernst/ Paul Hansmann: Altdeutsche Mären und Schwänke, München 1913

Sigrid Früh, Raunächte, Märchen, Brauchtum, Aberglaube. Verlag Stengel 1998.

Johannes Gillhoff, In den Zwölften, in: Mecklenburgische Monatshefte, Schwerin, Rostock; Bd. 2 1926, S. 1–5.

David Graeber und David Wengrow, Anfänge. Eine neue Geschichte der Menschheit. Klett-Cotta 2022.

Harald Meller und Kai Michel, Das Rätsel der Schamanin. Eine archäologische Reise zu unseren Anfängen. Rowohlt 2022.

Samira El Ouassil und Friedemann Karig, Erzählende Affen. Mythen, Lügen, Utopien. Wie Geschichten unser Leben bestimmen. Ullstein 2023.

Paul Quensel (Hrsg), Sagen aus Thüringen. Gesammelt und herausgegeben von Paul Quensel, mit einem Vorwort von Leander Petzoldt, Rowohlt 1993.

Angela Saini, Die Patriarchen. Auf der Suche nach dem Ursprung männlicher Herrschaft. Hanserblau 2023.
Ursula Seghezzi, Das Wissen vom Wandel. Die natürliche Natur wirksamer Transformationsprozesse. Van Eck Verlag 2012.
Ursula Seghezzi, Macht Geschichte Sinn. Was uns mitteleuropäische Mythen, Sagen und Bräuche über unsere Zukunft erzählen. Van Eck Verlag 2020.
Ursula und David Seghezzi, Vom Zauber der Naturmystik und der Dringlichkeit, dem Leben zu dienen. Van Eck Verlag 2020.
Erika Timm, unter Mitarbeit von Gustav Adolf Beckmann, Frau Holle, Frau Percht und verwandte Gestalten. 160 Jahre nach Jacob Grimm aus germanistischer Sicht betrachtet. Stuttgart 2003.
Himmlerrede auf einer SS-Gruppenführerbesprechung am 8.11.1936 in Dachau, abgedruckt in: Ackermann, Dok. 7., S. 242-253. https://www.archivportal-d.de/item/LWRKFTZ7VQYAWYU-NOY4R2XIWFXDQLJFV abgerufen am 15. Juli 2024
https://de.wikipedia.org/wiki/Totenhaus_von_Tesperhude

Zweiter Teil

Jutta Kürz, Rund Föhr. Inselbräuche rund ums Jahr und rund ums Leben. Husum 2005.
Hedi Lehmann, Volksbrauch im Jahreslauf. München 1964.
Hans Moser, Volksbräuche im geschichtlichen Wandel. Ergebnisse aus fünfzig Jahren Quellenforschung. Berlin 1985.
Heike Müns, Von Brautkrone bis Erntekranz. Jahres- und Lebensbräuche in Mecklenburg-Vorpommern. Rostock 2002.
Carsten Peter, Alpendämonen. Geheimnisvolle Mythen und Riten aus den Bergen. National Geographic 2012.
Christian Rätsch und Claudia Müller-Ebeling, Heidnische Weihnachten. Bräuche, Riten, Rituale. Aarau 2003.
Dorothea Steinbacher, Wenn's draußen finster wird. Bräuche und Legenden für die Winterzeit. München 2020.
Hildegard Schlomka, Das Brauchtum der Jahresfeste in der westlichen Altmark. Wien 1964.
Helga Maria Wolf, Verschwundene Bräuche. Das Buch der untergegangenen Rituale. München 2015.

Dritter Teil

Sharon Blackie, The Enchanted Life. Reclaiming the Magic and Wisdom of the Natural World. London 2021.

Susanne Fischer-Rizzi, Mit der Wildnis verbunden. 12 Wege in die Natur. Kraft schöpfen, sich sicher in der Natur bewegen. Stuttgart 2015.

Susanne Fischer-Rizzi, Das Buch vom Räuchern. Aarau 2020.

Tala Mohajeri, Körperflüstern. Der heilsame Dialog mit deinem Körper. München 2020.

Dr. Qing Li, Die wertvolle Medizin des Waldes, Hamburg 2018.

James W. Pennebaker und Joshua M. Smyth, Opening up by Writing it Down. How Expressive Writing improves Health and eases Emotional Pain. New York 2016.

Birgit Schreiber, Schreiben zur Selbsthilfe. Worte finden, Glück erleben, gesund sein. Berlin 2017.

Alyson Spurgas und Zoë Meleo-Erwin. Dekolonisiert Selfcare. Hamburg 2023.

Barbara Stollberg-Rillinger, Rituale. Frankfurt am Main 2013.

Tina Welling, Writing Wild. Forming a Creative Partnership with Nature. Novato 2014.

https://utopia.de/ratgeber/palo-santo-raeucherwerk-vom-heiligen-baum/ abgerufen am 30.05.24

https://shop.osho.com/de/musik-fuer-osho-meditationen/osho-kundalini-meditation-mp3, abgerufen am 13.05.24.

Die Autorin

Kathrin Blum ist als Naturcoachin und Wildnispädagogin in der Natur zuhause, wo sie besonders gern den Gesängen der Vögel und dem Rauschen der Blätter im Wald lauscht. Ihre besondere Leidenschaft sind die Geschichten der Landschaft und der Menschen, die darin leben. Dafür forscht sie am liebsten in Archiven und Bibliotheken und interessiert sich für die neuesten wissenschaftlichen Erkenntnisse. „Die Raunächte" ist ihr drittes Buch nach „Der Baumsammler" und „Vögel verstehen" (zusammen mit Paul Wernicke).
Aus diesen beiden Schwerpunkten – Naturverbindung und Mythen – entstehen Rituale, die sie für Jahreskreisfeste wie die Sommersonnenwende und auch für individuelle Anlässe wie Hochzeiten oder Taufen gestaltet.
Ihr Wissen gibt Kathrin in verschiedenen Kursen weiter, alle Informationen dazu finden sich auf www.kathrin-blum.de.
Kathrin lebt mit ihrer Familie östlich von Hamburg im schönen Billetal.